일생에 한번은
베토벤을 만나라

클래식 음악을 시작하는 가장 완벽한 방법

일생에 한번은
베토벤을 만나라

− 안우성 지음 −

유노
라이프
LIFE

당신의 인생은
베토벤을 듣기 전과 후로 나뉜다

왜 나는 작곡하는가? 내가 마음속으로 지니고 있는 것은 밖으로 표현되지 않으면 안 된다. 그래서 작곡하는 것이다. 음악은 사람의 정신으로부터 불꽃을 뿜어 올리게 하지 않으면 안 된다.

베토벤

예술의 최종 목표는 결국 우리에게 무언가를 느끼게 하는 것이다. 그래서 나는 클래식을 잘 모르는 사람에게 베토벤으로 클래식을 시작하기를 권한다. 그저 '감정'에 집중하면 되기 때문이다.

세월이 흐르면 모든 것이 변한다. 건축물부터 의복, 라이프 스타일, 심지어 자연환경까지 무엇 하나 변하지 않는 것은 없다. 그러나 오직 하나, 그때고 지금이고 앞으로도 결코 변하지 않을 단 한 가지가 있다면 바로 '감정'이다.

내가 베토벤을
처음 만났을 때

모차르트가 어떻게 하면 사람들을 즐겁게 해줄지 고민했던 작곡가라면, 베토벤은 '한 인간이 이토록 숭고할 수 있을까'라는 생각을 갖게 하는 작곡가다.

베토벤 이전의 음악가들에게 음악은 단순히 귀로 듣는 것이었다. 하지만 베토벤은 형식과 구성에만 집중하는 것이 아니라, 우리에게 메시지를 전달한다. 자신이 느끼는 혼란스러움, 사랑, 행복, 여유, 괴로움 등 모든 감정을 음악에 담았다. 클래식에 대해 아무 것도 모르는 상태에서 음악을 듣더라도, 그때 그의 감정이 느껴지기 때문에 온몸에 소름이 돋는 경험을 할 수 있는 것이다.

나는 베토벤 음악을 처음 들었을 때의 충격을 아직도 잊지 못한다. 베토벤이 한 "음악은 감정의 폭발이다"라는 말을 고스란히 느낄 수 있었기 때문이다. 나의 첫 베토벤은 초등학교 시절 아버지와 함께 전축을 통해서 들었던 〈운명〉이다.

그때 느꼈던 감정을 한 마디로 표현하자면 '두려움'이었다. 초등학생이 들어도 두텁고 무거웠으며 우렁찼다. 듣는 순간 즉각적으로 긴장과 불안을 느꼈다. 하지만 그 감정을 부정적이라고만은 할 수 없었다. 이 무서운 음악은 강한 에너지를 뿜어 내며 나를 꼼짝달싹 못하게 만들었다. 이는 연약한 몸으로 금메달을 따냈던 임춘애, 황영조 선수를 보며 느꼈던 감정과도 흡사했다.

음악, 베토벤의 음악은 나에게 소름이었다. 그때는 정확히 알지 못했지만, 그 소름 돋는 순간이 나에게 어쩌면 희열이었고, 감동이었던 것 같다. 그 감정이 칸트가 정의한 숭고함이라는 것을 안 지도 불과 몇 년 지나지 않았다. 그후 나는 인생이 단조롭다고 느껴질 때 베토벤을 듣는다. 음악에서 느끼는 전율의 순간이 나를 깨우고 움직이게 하기 때문이다.

지금도 좋고, 앞으로도 좋을 베토벤의 음악

누군가는 클래식 음악을 두고 이미 수백 년 전에 만들어진 낡은 음악, 죽은 음악이라고 폄훼하기도 한다. 하지만 클래식 음악, 특히 베토벤의 음악은 지금의 음악이고 나의 목소리다. 한 위인이 남긴 거룩한 업적이 아닌, 나와 별반 다르지 않았던, 어쩌면 나보다 더 처절하게 하루하루를 살아내며 몸부림쳤던 한 남자의 눈물이고 기쁨이자 고백이다.

가난하고 불우했던 어린 시절과 평민 신분으로 살아야 했던 열등감, 독신의 외로운 삶과 스물여섯 살에 갑자기 찾아온 음악가에겐 사형선고와도 같았던 귓병은 그를 평생 괴롭혔다. 하지만 베토벤은 고난과 불행 앞에 결코 무릎 꿇지 않았다. 오히려 자신의 모진 운명과 당당히 맞서 싸우며 죽는 날까지 승리를 향해 나아가는 삶을 살았다. 아홉 개의 위대한 교향곡과 피아노의 신약성경이라고 불리는 서른 두 개의 피아노 소나타 등 환희로 가득 찬 열매를 일구어 냈다. 이것이 우리가 베토벤을 음악의 성인이라고 부르는 이유다.

250년 전에 살았던 한 남자의 수난과 불행의 역사, 또 그것을 통해 보다 강하게 담금질된 그의 정신 의지와 음악의 위대함은 우리 옆에 있다. 부딪치고 넘어져 상처투성이인 사람들과 함께 베토벤의 음악을 나누고 싶다. 인생의 불행과 고뇌 속에서 일구어진 가장 위대하고 찬연한 음악에 독자의 몸과 마음을 잠시나마 기대게 하고 싶은 바람이다.

안우성

죽기 전에 꼭 들어야 할 베토벤 베스트 25

세계에서 가장 주목받았던 혹은 주목받고 있는 연주자들의 연주를 모았으며, 베토벤의 음악이 주는 감동을 가장 잘 느낄 수 있는 무대 영상입니다.

---

1. 피아노 소나타 1번 바단조, Op.2-1

피아노: 다니엘 바렌보임

---

2. 피아노 협주곡 2번 내림나장조, Op.19

피아노: 마르타 아르헤리치,

지휘: 다니엘 바렌보임, 오케스트라: 서동시집

---

3. 피아노 삼중주, OP.1

피아노: 유진 이스토민,

바이올린: 아이작 스턴, 첼로: 레너드 로즈

---

4. 론도 카프리치오, Op.129, 〈잃어버린 동전에 대한 분노〉

피아노: 예프게니 키신

---

5. 교향곡 1번 다장조, Op.21

지휘: 크리스토프 에셴바흐,

오케스트라: 프랑크푸르트 방송교향악단

---

 6. 피아노 소나타 8번 다단조, Op.13, 〈비창〉

피아노: 조성진

---

7. 피아노 소나타 14번 올림다단조, OP.27-2, 〈월광〉

피아노: 임동혁

---

 8. 교향곡 3번 내림마장조, Op.55, 〈영웅〉

지휘: 크리스티안 틸레만, 오케스트라: 빈 필하모닉

---

9. 피아노 소나타 21번 다장조, Op.55, 〈발트슈타인〉

피아노: 김선욱

---

 10. 피아노 소나타 23번 바단조, Op.57, 〈열정〉

피아노: 랑랑

---

11. 오페라 《피델리오》, Op.72 중 아리아

'신이시여, 이곳은 어찌하여 이다지도 어두운가요'

테너: 요나 카우프만

음악 소개

12. 레오노레 서곡 3번 다장조, Op.72b

지휘: 정명훈, 오케스트라: 라 스칼라 필하모닉

---

 13. 현악 사중주 7-9번, Op.59, 〈라주모프스키〉

현악 사중주단: 알반 베르크

---

14. 교향곡 5번 다단조, Op.67, 〈운명〉

지휘: 정명훈, 오케스트라: 윈 코리아 오케스트라

---

 15. 교향곡 6번 바장조, Op.68, 〈전원〉

지휘: 레너드 번스타인, 오케스트라: 빈 필하모닉

---

16. 피아노 협주곡 5번 내림마장조, Op.81a, 〈황제〉

피아노: 임윤찬, 지휘: 홍석원,

오케스트라: 광주 심포니 오케스트라

---

 17. 피아노 소나타 26번 내림마장조, Op.81a, 〈고별〉

피아노: 백건우

---

18. 피아노 솔로를 위한 바가텔 가단조, WoO 89, 〈엘리제를 위하여〉

피아노: 랑랑

---

19. 에그몬트 서곡, Op.84

지휘: 쿠르트 마주어,

오케스트라: 라이프치히 게반트하우스 오케스트라

---

20. 피아노 소나타 29번 내림나장조, Op.106, 〈함머클라비어〉

피아노: 손열음

---

21. 디아벨리 왈츠에 의한 33개의 변주곡, Op.120

피아노: 보리스 베레조프스키

---

22. 장엄미사 라장조, Op.123

오케스트라: 드레스덴 슈타츠카펠레

---

23. 교향곡 9번, Op.125, 〈합창〉

지휘: 정명훈, 오케스트라: 윈 코리아 오케스트라,

합창단: 고양 시립 합창단, 서울 모테트 합창단

---

24. 현악 사중주 16번 바장조, Op.135

현악 사중주단: 아리엘 콰르텟

---

25. 멀리 있는 연인에게, Op.98

테너: 율리안 프레가르디엔

음악 소개

차례

1악장
내가 베토벤을 만나고 얻은 것들
베토벤을 들어야 하는 이유

2악장
처음이 어려운 당신에게
시작할 때 들으면 좋은 곡

3악장
인생의 주인공이 되고 싶다면
나를 되돌아보게 하는 곡

내가
베토벤을 만나고
얻은 것들

베토벤을 들어야 하는 이유

Ludwig van Beethoven

일상생활에
클래식을 더하라

"안녕하세요. 여전히 많이 바쁘시죠?", "잠시 통화 괜찮으세요?"
라는 말은 우리나라에서 관용구처럼 흔히 주고받는 인사말이다.
존중이 배인 인사말이기에 이런 인사를 받으면 괜히 인정을 받는
것 같아 기분이 좋다. 하지만 소파에 기대어 빈둥거리고 있을 때
전화가 걸려오기라도 하면 급히 몸을 세우고 왠지 바쁘게 일하고
있는 척 애써 목소리를 가다듬고 응답해야 할 것 같은 압박감이
느껴지기도 한다. 모두가 그렇지는 않겠지만 바쁘게 살아야 인정
받을 수 있다고 생각하는지, 우리나라 사람들은 정말 정신없이 살
아간다.

나만을 위한
시간이 필요하다

나는 종종 내가 남들보다 덜 바쁘고, 여유가 많다고 느껴질 때면 별다른 이유 없이 수치심과 죄책감 사이 어디쯤의 찜찜한 기분에 빠져든다.

어느 날 독일 친구에게 전화가 왔다. "모든 게 다 정상이지? 잘 정돈되어 있지?"라는 독일 특유의 인사말로 안부를 물어 왔다. 그러곤 자신은 모처럼 독일의 휴양 도시 콘스탄츠로 휴가를 와 있다며, 들뜬 목소리로 오늘은 호수를 바라보며 독서와 온천을 즐길 것이고, 내일은 종일 트래킹을 할 예정이라고 말했다. 평소에도 매일 산책과 독서를 하는 그였지만 휴가를 가서도 그 루틴은 변화가 없었다. 이어서 듣는 사람도 행복해지는 밝은 목소리로 "난 정말 너무 행복해. 이곳에선 시간이 정말 천천히 흐르거든"이라며 긴 여운을 남기는 말을 덧붙였다.

베토벤은 커피 마니아였다. 하루도 거르지 않았던 매일의 첫 일과는 손수 골라 낸 60알의 원두로 커피를 내리는 일이었다. 60알의 커피 원두는 절대로 벌레가 먹거나 못생긴 결점두여서는 안 되었다. 오로지 잘 로스팅된 예쁜 커피 원두를 골라 깨끗한 천을 필터 삼아 내려 마셨다.

베토벤에게 커피는 무엇이었을까? 아마도 '천천히 흐르는 시간'

을 위한 의식이었을 것이다. 베토벤은 바쁜 사람이었다. 청소를 할 시간이 없어 그의 책상은 항상 악보로 뒤덮여 있었고, 방바닥엔 요강이 그대로 나뒹굴기 일쑤였다. 그런 환경 속에서 베토벤은 아침에 눈을 뜨면 한 알 한 알 커피를 고르며 오롯이 천천히 흐르는 시간 속으로 자신을 이끌었다. 흰 천 아래로 여과되어 떨어지는 커피 방울을 4분이고 5분이고 무심히 바라보며 무위의 시간을 가졌다.

베토벤에게 오후는 산책의 시간이었다. 산책 또한 하루도 거르지 않았다. 비바람이 불어도 살을 태우는 햇볕이 내리쬐어도 걷고 또 걸었다. 마을 사람들이 인사를 건네도 애써 외면한 채, 짧게는 두 시간, 산책에 몰입할 때는 저녁도 거른 채 어두워질 때까지, 숲의 천천히 흐르는 시간 속에 온전히 자신을 맡겨 두었다.

인생에 음악이
들어왔을 때

흔히 자신의 구체적인 목적을 두고 에너지를 모두 소진했을 때 "하얗게 불태웠다"라고 말한다. 실제로 많은 직장인들이 번아웃이 왔다며 그 고통을 호소하는데, 이는 학생들도 예외가 아니다. 너무 공부에 몰두한 나머지 학업 의지를 상실하는 학업 소진, '아카데믹 번아웃Academic Burnout'이란 말이 있을 정도다.

과연 정신없이 바쁘게 사는 것만이 무언가를 성취하는 유일한 방법인 걸까? 오히려 그 반대의 경우도 많다. 평생을 성실하게, 그 야말로 앞만 보고 달려온 한 중년이 어느 날 갑자기 마음의 병을 얻기도 하고, 재능 있는 음악도가 혹독한 교육을 버티지 못해 다시는 음악을 할 수 없는 지경까지 이르기도 한다.

몸이 부서질 때까지, 마음이 무너져 내릴 때까지 앞만 보고 달려서는 안 된다. 오히려 여유가 있을 때 나를 잘 보살펴야 한다. 휴가여도 좋고 커피, 산책, 음악이어도 좋다. 그 꿈이 크고 도달하고자 하는 욕망이 강할수록 반드시 천천히 흐르는 나만의 시간이 필요하다.

이때 나는 인생에 클래식을 더해 보기를 추천한다. "누구나 매일 최소한 한 번은 감미로운 음악을 듣고, 아름다운 시를 읽고, 훌륭한 그림을 감상하며, 한 마디라도 좋은 말을 해야 한다"라는 괴테의 말에 행복의 여는 열쇠가 담겨 있다고 믿는다. 우리가 쉼 없이 학교에서 또는 일터에서 치열한 일상을 건디는 궁극적인 이유는 바로 세상에 흩뿌려진 자연과 경이로운 예술을 향유하며 느낀 바를 주변과 나누기 위해서가 아닐까?

클래식 음악의 악흥은 우리의 정신적 에너지를 전환해 음악의 고요와 활기, 긴장과 응축, 폭발에 동참하게 만든다. 그저 멍하니 음악이 흐르는 대로 이끌리다 보면 내가 알지 못했던 나를 발견하게 될 때도 있고 바라지 않았던 기대감과 긴장감, 행복감을 맛보며 고차원의 미적 세계에 도달할 때도 있다. 음악은 우리에게 몰입과 사색, 성찰과 행복을 느낄 기회를 준다. 음악이 하는 여러 일들 중 가장 중요한 역할이다.

음악 속에서 찾은
불굴의 의지

한 클래식 연주자가 무대에 오르기 위해선 적어도 2,000번 이상의 연
습이 필요하다.

독일의 한 다큐멘터리에 소개된 내용이다. 나는 종종 강의를
시작할 때 청강생들의 관심을 끌어올리기 위해 위의 말을 인용하
는데, 그러면 객석에서 꽤 커다란 탄성이 터져 나온다. 어떤 이유
에서 감탄했는지 정확히 알 순 없지만 '클래식 음악가들의 연습량
이 생각했던 것보다 더 어마어마하군' 내지는 '역시 클래식 음악은
들어 볼 가치가 있는 음악이군' 하는 공감과 동경의 뉘앙스 정도
로 읽힌다.

하지만 똑같은 이야기를 클래식 연주자인 지인에게 들려주었을 때의 반응은 사뭇 달랐다. 마치 한번도 생각해 본 적 없다는 듯 무심히 눈을 위로 치켜뜨고는 잠깐 동안 자신의 연습량을 계산했다. 그리고 당연하다는 듯 "음, 적어도 그 정도 되겠네"라며 뿌듯한 미소를 지었다.

2,000번의 실패, 2,000번의 도전

'클래식 음악은 그만큼 어렵고 복잡하고, 클래식 연주자들은 이를 묵묵히 감당해 내는 숭고한 이들'이라 간단히 설명할 수도 있다. 하지만 지금부터 그 이면에 대해 이야기해 보겠다.

2,000번의 연습이 갖는 의미가 단순히 숙달을 위한 반복 연습일까? 구체적으로 말하자면 조금 다르다. 연주자들의 연습 방식은 이렇다. 먼저 연주할 곡의 구조와 내용을 눈으로 읽어 해석하고 이해해야 한다. 그리고 머릿속에서 자신이 상상할 수 있는 가장 아름답고 이상적인 소리를 그려 보는데, 이 상상 속의 소리 역시 상상력이 풍부하다고 만들어지지 않는다. 경험과 재능에 의해 만들어지기 때문에 연주자들은 최대한 많은 공연을 보고 다양한 음악을 학습하며 자신만의 미적 세계를 구축해 나가야 한다. 시인이 글을 모으는 사람이라면 음악가는 소리를 모으는 사람이기에 그렇다.

거기에 자신만의 해석을 더해 어떤 음색으로 연주할지 또 음량은 어떻게 할지, 부드럽게 혹은 단호하게 할지 등을 결정하고 연습에 들어간다. 마치 화가가 그림의 구도를 결정하고 붓으로 선과 선을 이어 가듯, 연주자는 한 음 한 음을 정교하게 연결하며 하나의 작품으로 구축해 나간다.

연주자들에게 '2,000번의 연습'이 갖는 의미는 무엇일까? 도전과 실패의 횟수다. 100번 200번의 연습으로도 충분히 만족할 만한 수준의 연주가 가능하다면 굳이 더 연습할 필요가 없다. 하지만 몸과 마음이, 악기와 마음이 따로 놀아 좌절할 때도 있고, 노력으로 극복할 수 없는 한계를 만나기라도 하면 자괴감에 사로잡히기도 한다.

그럼에도 연주자들은 기꺼이 연습하고 또 연습한다. 노력의 시간이 몸에 배어 온몸의 근육이 기억할 때까지, 무의식중에도 자동으로 연주할 수 있는 지점까지 연습한다. 왜냐하면 도전과 실패의 횟수만큼 아름다운 음이 꽃을 피워 마침내 하나의 곡으로 열매를 맺게 된다는 사실을 굳게 믿기 때문이다.

시련 속에서 탄생한
환희의 음악

"고난을 딛고 환희로"라는 말은 한 인간으로서 베토벤의 삶 그리고 동시에 그의 음악 세계를 대변하는 말이다. 학대로 점철된 어린 시절과 독신으로서 외로웠던 삶 그리고 무엇보다도 고통스러웠을, 음악가에겐 사형선고와도 같은 난청. 그럼에도 베토벤은 56세의 나이로 세상을 떠나기 전까지 쉼 없이 음악에만 몰두해 700편이 넘는 승리의 작품들을 일구어 냈다. 그의 음악은 그의 삶과 닮아 있어, 마침내 승리하고야 마는 영웅적 서사와 밀도 높은 환희로 가득 차 있다.

역사상 가장 위대한 작곡가이니 베토벤은 아무 고민 없이 단숨에 악보를 그려 나갔을까? 그랬던 사람은 슈베르트다. 베토벤은 오히려 그 반대다. 그 어느 작곡가보다도 많은 시간을 들여 곡을 썼고, 썼다 지우기를 반복했던 인물이다.

베토벤의 작곡 방식은 이랬다. 문득 스쳐 지나가는 몇 마디의 흥얼거림도 결코 흘려보내는 일이 없었다. 작품으로 발전할 수 있는 작은 가능성이라도 발견하면 곧장 펜을 들어 수첩에 기록했다. 그렇게 모은 음악의 씨앗은 숙성의 시간을 거쳐 악상으로 발아되어 피아노 소나타가 되었고, 협주곡 또 교향곡이 되었다. 수정에 수정을 더해 짧게는 몇 년이 걸린 작품도 있었고, 〈합창〉은 구상부터 작품이 완성되기까지 무려 30년의 세월이 필요했다.

또한 작곡하기로 결심했던 모든 악상과 노력이 전부 걸작으로 빚어지지는 않았다. 다른 작품에 밀려 미처 완성되지 못한 채 잊힌 작품들도 다반사였다. 그러나 그 또한 결코 헛된 노력의 시간이 아니었다. 비록 작품으로 완성되지는 못했을지라도 그 씨앗은 다른 악상으로 또 다른 작품으로 전이되어 더 큰 열매를 맺게 할 소중한 자양분이 되었을 테니 말이다.

그 모진 고난 속에서 베토벤을 승리의 삶으로 이끌었던 원동력은 과연 무엇이었을까? 분명한 목적 의식 아니면 승리를 향한 불굴의 집념이었을까? 나는 '반드시 이루고야 말겠다' 내지는 '내 음악으로 만인을 감동시키리라'라는 야망에 찬 거창한 동기보단 오히려 묵묵히 삶을 감당해 냈던 꾸준함과 성실함이 그를 가장 높은 봉우리로 이끌었던 것은 아닐까 생각한다.

어둠에서 빛으로, 고통을 딛고 마침내 환희에 도달하는 시작과 끝에만 집중해서는 안 된다. 그의 음악에서도 그렇고 삶에서도 그렇다. 그 사이에는 고난이라는 이름의 좌절과 희망, 의심과 확신이라는 극단의 대비가 찬란한 빛으로 응축되어 있기 때문이다.

당당함은
완벽한 준비에서 나온다

연주자들이 자주 듣는 질문이자 칭찬 중 하나는 "어쩜 그렇게 하나도 안 떨고 당당히 연주할 수 있어요?"라는 말이다. 연주자들은 절대 떨지 않는 강심장을 가진, 특별한 피를 가진 부류의 사람이라 생각할지도 모른다. 하지만 절대 그렇지 않다.

나 또한 무대나 연단에 오르면 주목받고 있다는 사실 하나만으로도 손이 떨리고 이마엔 땀이 맺힌다. 심장은 평소보다 빠르게 뛰고 다리는 후들거린다. 눈의 깜빡거림, 구부정한 자세, 어색한 손의 위치 등등 내 모든 것이 부끄럽게 느껴진다. 정확하게 말하자면 부끄러움이라기보단 타인의 기대와 기준에 부합하지 못할 때 수치심을 느낀다.

연습에서 얻는
확신과 자유

간혹 남의 시선 따윈 아랑곳하지 않는 연주자들이 있을 수 있다. 하지만 프로 연주자들 역시 무대 위에선 긴장한다. 그렇다면 그 긴장이 매번 떨림으로 이어질까? 간단히 얘기하자면 잘하는 곡을 연주할 땐 떨지 않는다. 오히려 적당한 긴장감은 음악에 활기를 불어넣는 긍정 에너지가 된다.

하지만 익숙하지 않거나 완벽하게 준비되지 않은 곡을 연주할 땐 더 떨 수밖에 없다. 회사원이 직장에서 여러 사람들 앞에서 발표하는 것과 별반 다르지 않다. 발표자에게 충분한 역량이 갖춰져 있다면 신나게 발표를 이어 나갈 수 있지만, 발표 내용에 확신이 없어 불안감을 느낀다면 벌벌 떠는 것이 당연하지 않은가.

연주자나 발표자 모두 결과와 평가에 대해 예측하기 어렵기 때문에 불안감이 밀려오는데, 이때 우리 몸의 교감신경계가 활성화된다. 긴장감과 스트레스로부터 우리 몸을 지켜야 하기 때문이다. 신경계는 아드레날린 분비를 촉진시키며 우리에게 명령한다. "위험해. 망신당하기 전에 어서 도망쳐"라고 말이다.

이를 미국의 생리학자 월터 캐넌은 '투쟁 도피 반응'이라고 명명했다. 월터 캐넌의 말에 따르면 음악가들은 작품을 상대로 싸우는 무대 위의 투쟁가다. 항상 새로운 작곡가를 만나고 새로운 작품에 도전하며 끊임없이 음악을 연구하고 개척하는 것이 음악가의 숙명이기에 그렇다.

나도 다섯 곡을 연주해야 한다면 자신 있는 작품이 있고 그렇지 않은 작품이 꼭 있다. 늘 미세한 완성도의 차이를 느낀다. 음악가란 미를 쫓는 사람들 아닌가. 제아무리 최선을 다했더라도 연주가 완벽하지 않다는 사실을, 세상엔 나보다 훌륭한 연주자들이 무수히 많다는 사실을 너무나도 잘 알고 있다.

이런 상황에서 도망치지 않고 당당히 맞서 싸우는 방법은 단하나다. 내면의 목소리에 귀를 기울이는 것이다. 내면엔 항상 두개의 목소리가 존재한다. 하나는 "네 연주가 완벽하지 않다는 사실을 관객들도 금방 알아차릴 걸"이라는 비판의 목소리와 "이미 충분히 훌륭해. 자유롭게 최고의 연주를 펼쳐 봐"라며 나를 다독여 주는 지지의 목소리이다. 이미 무대 위 조명이 켜졌다면 무조건 지지의 목소리에 귀를 기울여야 한다. 비판의 목소리는 준비 과정까지다. '이곳에서 작품을 제일 잘 아는 사람은 바로 나야', '혹시 조금 삐끗하더라도 관객들은 알아차릴 수 없을 거야'라는 지지의 목소리에 최대한 귀 기울여야 한다. 높은 자존감만이 좋은 결과를 만든다.

베토벤의 음악관:
자유와 진보

베토벤의 음악은 흔히 초기1782~1802, 중기1803~1815, 후기

1815~1827의 세 시기로 분류한다. 초기는 스물두 살 빈으로 이주해 서른두 살에 유서를 남겼던 시기 사이의 작품을 말하고, 중기는 서른세 살에서 마흔다섯 살 사이 베토벤이 독창성과 개성을 꽃 피우며 걸작을 쏟아내던 시기, 후기는 마흔다섯 살부터 세상을 떠나기 전까지로 완전히 청력을 상실한 상태에서 초인적 의지로 작품을 생산했던 시기다.

베토벤의 위대함을 시기 분류에서도 발견할 수 있다. 이 분류는 나이에 따른 분류이기도 하지만, 시기가 바뀔 때마다 베토벤은 획기적인 음악적 변화를 이루어 냈다. 빈으로 이주해 당대 최고의 피아니스트로, 명망 있는 작곡가로 이름을 떨쳤지만, 서른세 살에 그의 음악 스타일은 180도 변한다. 그리고 마흔다섯 살에 또 한 번 완전한 변신을 꾀했다. 세계 최고 음악 도시에서 가장 위대한 음악가로 칭송받았던 베토벤이 뭐가 아쉬워서 그랬을까? 하던 음악만 잘해도 명성을 이어 나갈 수 있었을 텐데 말이다.

베토벤은 안주하지 않았다. 베토벤의 음악관은 '자유와 진보'에서 시작된다. 그가 음악에 헌신했던 이유는 끊임없이 새로운 작품, 이 세상에 존재하지 않았던 진보적인 예술 세계를 개척하는 것이었다. '음악의 아버지' 바흐도 '오페라의 왕' 베르디도 그러지 못했다. 위대한 작곡가들 중 베토벤처럼 형식과 양식 모두에 있어 파격적인 변화를 꾀한 이는 찾아 볼 수 없다.

베토벤의 악보는 지저분하기로 유명하다. 썼다 지우기를 반복해 악보에는 두 줄 세 줄로 찍찍 그어 놓은 수정의 흔적이 허다하다. 베토벤이라고 내면에 비판의 목소리가 없었을 리 없다. 새로운 도전 앞에 섰을 때 늘 완벽주의와 회의주의적인 목소리가 왱왱거리며 막았을 것이다.

나는 그 흔적에서 도전을 앞둔 한 인간의 불안과 떨림의 전이를 느낀다. 그러나 그 불안과 떨림은 두려움과는 사뭇 다른 기분 좋음이다. 불안은 도전의 다른 이름이고 떨림은 긴장감 넘치는 불굴의 의지일 테니 말이다.

시련은 우리를
더 단단하게 만든다

음악은 시간 예술이다. 백 번의 리허설을 잘했더라도 공연이 펼쳐지는 제시간에 기량을 펼치지 못하면 그야말로 말짱 도루묵이다. 모든 위험 요소를 감안해 살을 깎는 관리를 한다고 해도 변수는 언제든지 발생할 수 있다.

음악가들에겐 몸이 악기다. 몸 자체가 악기고 악기와 몸이 하나를 이룬다. 건반 악기와 현악기, 타악기 연주자들에겐 손가락이 생명이다. 자칫 손가락이 삐끗할 수 있는 농구 같은 구기종목은 절대 금물이다. 관악기 연주자들에겐 운지해야 하는 손가락과 폐활량이 모두 중요하기 때문에 운동도 조심스럽게 해야 하고, 유행성 감기에도 각별한 주의를 기울여야 한다. 트럼펫 연주자가 연주

중에 콧물을 훌쩍거리며 기침을 콜록거리는 모습을 상상해 보라.

나 같은 성악가에겐 환절기나 독감 유행이 돌기라도 하면 그야 말로 치명적이다. 몇 달을 갈고 닦아 온 목소리가 고작 감기 하나 때문에 온전히 나오지 않는다. 평소보다 잘 돌아가지 않는 손가락 때문에, 고작 잔기침 때문에 무대 뒤 대기실에서 세상이라도 잃은 듯 펑펑 목 놓아 우는 연주자의 모습은 그리 낯설지 않다. 무대 위 스포트라이트 아래 화려하고 당당해 보이기만 하는 연주자들이 지만, 때때론 작은 시련 앞에 와르르 무너져내기리도 하는 한없이 나약한 존재이기도 하다.

철저한 준비가
최고의 결과를 만든다

그럼 성악가가 감기에 걸리면 혹은 피아니스트가 손가락을 다치면 공연을 취소해야 할까? 그렇지 않다. 물론 100퍼센트의 기 량은 발휘하진 못하겠지만 대체로 꽤 수준 있는 연주를 보여 주는 경우가 더 많다. 자기 자신에게 집중하기 때문에 가능한 일이다. 성악가는 감기에 걸렸을 때 어떻게 발음하고 어떻게 소리를 키우 고 줄여야 할지를 하나하나 꼼꼼히 확인하고, 절대 무리하지 않는 방식을 택한다. 물론 실력을 제대로 발휘하지 못해 안타깝겠지만 그것을 듣는 관객들은 성악가가 감기에 걸렸다는 사실조차 모를 때가 많다.

피아니스트의 경우는 어떨까? 손가락을 다쳤던 피아니스트의 유명한 일화가 있다. 2015년 10월 12일 오스트리아 빈 콘체르트 하우스에서 피아니스트 예핌 나우모비치 브론프만의 연주회가 열렸다. 브론프만은 세계적인 지휘자 발레리 게르기예프가 지휘하는 런던 심포니 오케스트라와 협연할 예정이었는데, 연주 당일 아침 손가락이 심하게 찢어지는 사고를 당했다. 봉합 수술을 받아야 했을 만큼 큰 부상이었지만 그는 "관객을 실망시킬 수 없다"라며 연주를 강행했고 결국 앵콜곡까지 열정적으로 연주하며 성공적으로 공연을 마무리했다.

공연이 끝난 뒤 그의 이야기로 온 세상이 떠들썩했다. 당시 함께 공연했던 런던 심포니 오케스트라의 제1바이올리니스트가 SNS에 올린 한 장의 사진 때문이었는데, 사진 속 그가 연주했던 피아노 건반은 상처 부위가 벌어져 흘러내린 핏자국으로 홍건하게 물들어 있었다. 이 한 장의 사진으로 그의 이름은 전 세계에 회자되었고, 그의 열정과 고결한 예술혼은 많은 이들에게 깊은 감명을 주었다.

끊임없는 시련 속에서
스스로를 다잡은 베토벤

"나를 죽이지 못한 모든 시련은 나를 한층 더 강하게 만든다"라는 니체의 말이 있긴 하지만 베토벤에겐 평생을 두고 한 인간이 감당해 내기엔 가혹한 시련들이 뒤따랐다. 궁정 예배당의 테너 가수이자 첫 음악 선생님이었던 아버지는 베토벤의 첫 시련이었다. 그는 베토벤에게 매질도 서슴지 않았다. 전언에 따르면 베토벤은 항상 피아노 앞에 앉아 울고 있었는데, 그 이유는 단 하나였다. 베토벤을 음악 신동으로 만들어 돈벌이를 하려는 아버지의 욕심 때문이었다. 알콜중독자였던 아버지 요한에게 술값을 마련할 유일한 창구는 오직 베토벤이었다.

1778년 3월 베토벤이 쾰른에서 첫 연주회를 가졌을 때 베토벤의 나이를 여섯 살로 속였던 것도 '신동 마케팅'으로 돈벌이를 하고자 했던 요한의 아이디어였다. 덕분에 베토벤은 마흔 살이 되어서야 자신의 진짜 나이를 알게 되었다. 아버지가 자신의 나이까지 속이며 돈벌이로 이용했다는 사실을 안 베토벤의 마음은 어땠을까? 아마 어린 시절부터 '난 적어도 아버지처럼 살지 말아야지' 혹은 '아버지처럼 시시한 음악가가 아닌 이웃과 인류에게 기여하는 음악가가 될 테야'라고 다짐했을 것이다.

스물두 살 독일을 떠나 오스트리아 빈에 정주했을 때 유일한 믿을 구석이었던 단 한 사람, 스승 하이든과의 관계 또한 좋지 못했다. 하지만 그는 실망하는 대신 곧장 살리에리, 알브레히츠베르거 같은 음악가들을 찾아다니며 자신의 스승이 되어 주길 간청했다. 독일 출신의 가진 것 없는 외국인 유학생에게 결코 쉬운 일이 아니었을 것이다.

스물여덟 살이 되던 해에는 난청難聽에 직면했다. 아마 보통의 음악가였다면 다른 직업을 찾아 나섰을지도 모른다. 그러나 베토벤은 제 발로 숲으로 들어가 걷고 또 걸었다. 오만 잡념이 그의 머리를 뒤흔들어 놓았을 것이다. 그러나 자연을 벗 삼아 닥치는 대로 문학 작품들을 탐독하며 자신을 보다 더 굳건히 담금질하는 계기로 삼았다.

귀족 부인들에게 번번이 퇴짜를 맞아 외로운 독신 생활을 살았고, 양자인 조카 카를과 잘 지내지 못하는 상황 속에서도 그는 오히려 음악에 몰입하며 외로이 그러나 단단하게 스스로를 붙잡았다. 더 이상 아무것도 들리지 않아 피아노를 칠 수 없게 되었을 때에도 그저 묵묵히 작곡에 매진했다.

무엇이 베토벤을 그 모진 시련 속에서도 담대하게 만들 수 있었을까? 그건 아마도 고난 끝에 얻는 승리의 달콤함, 성공을 향한 별난 집착이 아닌 시련 앞에서도 굴하지 않고 매일 앞으로 내딛는 한 걸음의 성실함과 꾸준함, 그 고결한 덕성 자체였을 것이다.

예전부터 지금까지,
앞으로도 왜 베토벤인가

클래식은 유행을 타지 않는 가장 근본적인, 최고 수준의 것들을 수식하는 말로, 예전에도 좋았고 지금도 그리고 앞으로도 좋을, 시대 초월적 모범성을 갖는 것을 의미한다. 다시 말해 오랜 시간 촘촘한 세월의 체에 걸러진 값진 것으로,고전古典을 뜻한다.

혼히 서양의 오래된 음악을 통칭하여 클래식 음악이라고 하는데, 여기에는 이유가 있다. 본래 클래식 음악은 엄밀히 말하자면 고전주의 음악Classical Music을 뜻하는 말로, 이는 베토벤이 활동했던 1750년경부터 1820년경까지 오스트리아 빈을 중심으로 발전한 음악 사조를 뜻한다. 그럼 어떻게 고전주의라 명명하게 되었을까? 이는 후대에 붙여진 것으로, 1750년경부터 1820년경까지 빈에서 탄생한 베토벤의 작품을 비롯한 음악 작품이 그 어느 시대의 음악과 비교하더라도 가장 탁월하다고 여겨졌기 때문이다. 따라서 이 시기의 음악을 바로크나 낭만주의 같은 다른 음악 사조와 구분 짓는 기준으로 삼길 원해, 가장 모범적이란 의미의 클래식, 고전주의 음악이라 명명한 것이다. 그것이 오늘날에는 전체 서양의 오래된 음악을 뜻하는 말로 확장되어 고전 음악, 즉 클래식 음악이라 불리고 있다.

클래식에서 왜
베토벤이 중요할까

서양 고전 음악에 있어 베토벤이 절대적인 지위를 갖는 까닭은, 모차르트와 하이든으로부터 '균형과 조화'로 대변되는 고전주의 음악을 이어받아 불을 지핀 장본인임과 동시에, 프로메테우스처럼 후대에게 고전 음악의 불씨를 지핀 사람이 베토벤이기 때문이다.

이미 수백 년이 지난 서양의 고전 음악이 도대체 어떻게 우리나라 사람들에게 감동을 줄 수 있을까? 바로 감정의 공감이다. 수백 년의 세월을 거치며 자연과 환경을 비롯해 먹을 것, 입을 것, 탈 것 등 세상의 모든 것이 변했지만 인간에게 감정이 있다는 사실은 변하지 않았다. 그 감정을 잘 이해했고 고결한 예술로 승화시킨 인물이 바로 베토벤이다.

음악은 베토벤에 의해 비로소 감정의 언어로 탄생되었다 해도 결코 과언이 아니다. 바흐나 모차르트의 음악을 떠올려 보자. 바흐의 미뉴에트도 좋고, "반짝 반짝 작은 별"이라는 가사로 잘 알려진 모차르트의 **작은 별 변주곡 K.265**도 좋다. 아마 산뜻하고 경쾌한 분위기가 연상될 것이다.

자, 그럼 베토벤의 〈엘리제를 위하여〉는 어떠한가. 자동차 후진 경고음의 몇 마디 멜로디를 떠올리는 것만으로도 망설임, 애잔함, 그리움 등의 복잡 미묘한 감정이 피어오른다. 이는 베토벤 이전의 음악가들에게는 찾아보기 어려운 느낌으로, 음악에 모든 사람이 공감할 만한 보편적 감정을 녹여내기 시작한 작곡가가 바로 베토벤이다. 오늘날 콘서트장에서 두 눈을 감고 온몸으로 감정을 표출하기 위해 혼신을 다하는 예술가들의 열정, 그 예술혼을 깨운 이가 바로 악성 베토벤이다.

베토벤은 대자연부터 한 떨기 꽃송이까지, 인류애와 형제애 등의 위대한 사상이나 영웅의 숭고함, 심지어 연인에게 거절당한 한 남자의 지질함까지 모든 것을 음악에 담았다. 이는 하찮은 감정의 기록이 아닌, 후대에 전해주고자 간절히 바랐던 그의 소망이자 정신이다. 그렇기에 그의 손에 의해 쓰여진 작품들은 뿌리 깊은 진동으로 그가 세상을 떠난 지 250년이 지난 오늘날에도 공명하고 있다.

베토벤의 음악은 감정의 교과서이자 지친 마음을 위한 가장 훌

룡한 처방전이다. 베토벤의 초인적 의지에 의해 탄생된 음악은 듣는 이를 사색과 통찰로 인도해 심연의 감정을 체감하게 한다. 미움의 이면엔 사랑이 존재하며 고난의 끝엔 승리가 있음을 깨닫게 한다. 좌절의 다음 굽이에는 일어섬이, 죽음의 반대편엔 여전히 뜨거운 삶이 기다리고 있다는 사실을 찬연한 음악으로 말한다.

베토벤이 음악을 통해 몸소 보여 주었던 인간의 존엄과 자유, 그것을 통해 느껴지는 뜨거운 불멸의 감동은 250년 전에도 그랬듯 지금도, 수백 년이 훨씬 넘는 세월이 흐른 후에도 여전히 타오를 것이다.

처음이
어려운
당신에게

시작할 때 들으면 좋은 곡

Ludwig van Beethoven

훌륭한 스승을
만나다

피아노 소나타 1번 바단조, *Op.2-1*

"우리 아이가 훌륭한 음악가가 될 수 있을까요?" 음악을 전공으로 하는 자녀를 둔 부모들로부터 종종 받는 질문이다. 나뿐만 아니라 어떤 음악 선생이라도 점쟁이가 아니고서야 이 질문에 대한 명쾌한 답을 하긴 어려울 것이다. 하지만 음악사에 당당히 이름을 올린 음악가들의 생애를 반추해 보면 공통적으로 드러나는 '천재의 조건'이 있다.

첫 번째 조건은 역시 '타고난 재능'이다. 우리나라의 음대만 보더라도 "50년 만에 한 번 나올까 말까 한 재능입니다"라는 격려와 함께 음악의 길에 들어섰다는 학생이 꽤 많다. 세 살에 스스로 피아노를 터득하고 다섯 살에 작곡을 시작했던 모차르트나 피아노를 배워 본 적 없이 작곡가가 되었던 프랑스의 베를리오즈처럼 시기와 상관없이 비범한 재능을 본인 스스로 발현해 내야만 한다.

둘째는 '부모의 정신적 지지와 경제적 지원'이다. 아무리 재능을 타고났다고 하더라도 그 재능을 누군가는 알아봐야 한다. 모차르트의 아버지 레오폴트가, 베토벤의 아버지 요한이 그랬던 것처럼 말이다. 대부분 그 재능은 부모가 발견하는데, 이때 부모는 자녀의 흥미와 의지가 꺾이지 않도록 도와 체계적인 공부를 이어 나가도록 물심양면 아낌없는 지원을 해 주어야 한다.

마지막으로 '훌륭한 스승'이다. 훌륭한 직업인으로서 음악가는 결코 독학으로 만들어지지 않는다. 반드시 탄탄한 기본기와 함께 음악의 정신이 되는, 고상한 취향을 심어 줄 훌륭한 스승이 필요하다. 위의 조건들이 배경이 되어야 재능 있는 음악가가 비로소 훌륭한 음악가로 비상할 수 있다.

"나는 하이든에게 배운 것이 하나도 없다"

베토벤이 악성, 즉 음악의 성인으로 불리기까지 스승 하이든의 역할을 무시할 수 없다. 1792년 11월, 스물두 살의 베토벤은 쾰른의 선제후본의 영주와 베토벤의 후원자 발트슈타인 백작에게 추천장을 받은 후 음악의 메카 오스트리아 빈에 도착한다. 추천장의 가장 중요한 내용은 청년 베토벤을 하이든 선생의 제자로 받아달라는 것이었다. 베토벤은 곧장 추천장을 들고 하이든에게 찾아갔고 하이든은 독일 본 출신의 재능 있는 청년을 흔쾌히 반겨주었다. 1792년 당시 하이든은 예순의 나이로 베토벤이 도착하기 2년 전인 1790년까지 무려 28년간 보헤미아의 귀족 에스테르하지가의 궁정악장당시 음악가가 얻을 수 있는 최고의 지위으로 봉직했던, 오스트리아의 가장 명망 높은 음악가였다.

하지만 하이든과의 공부가 시작된 지 얼마 지나지 않아 베토벤은 실망했다. 하이든은 제자에게 도통 관심이 없는 것처럼 보였기 때문이다. 베토벤이 아무리 숙제를 열심히 해도 하이든은 자필로 몇몇 부분에 수정만 해 줄 뿐, 별다른 수업을 하지 않았다. 훗날 이 숙제들을 연구한 음악학자 구스타프 노테봄의 분석에 따르면 교정된 부분은 겨우 6분의 1 수준이었고, 다수의 틀린 부분에도 별다른 코멘트가 달려 있지 않았으며, 심지어 하이든이 틀리게 고쳐 준 부분도 있다고 한다.

그럼에도 베토벤은 열심히 공부했다. 악보가 귀한 시절, 베토벤은 하이든의 서고에 탑처럼 높게 쌓인 악보들을 읽고 또 읽었다. 읽는 것만으론 부족해 호롱불에 의지해 깨알 같은 글씨로 악보를 필사하며 밤을 지새우기도 했다. 덕분에 베토벤의 창작은 활발히 이루어졌다.

베토벤은 자신에게 찾아온 티끌 같은 악상을 흘려보내지 않았다. 설령 미숙할지언정 자신이 가장 자신 있는 피아노로 악상들을 선율로 만들어 냈고 그 선율들을 모아 피아노를 위한 악곡 형태인 '피아노 소나타'로 만들어 내기 시작했다.

그렇다면 과연 하이든에게 베토벤은 마지못해 거둘 수밖에 없었던 천덕꾸러기였을까? 그렇지 않다. 베토벤이 빈에 정착한 지 1년이 지났을 무렵, 하이든이 본의 선제후에게 보낸 편지를 보면 "베토벤은 언젠가 유럽에서 가장 훌륭한 작곡가 중 한 사람이 될 것이 틀림없습니다. 훗날 제가 한때 그의 스승이었음을 자랑스럽게 여기게 될 것이라 확신합니다"라며 제자에 대한 관심과 애정을 아끼지 않았다.

1795년 12월 빈의 궁정에서 하이든이 자신의 교향곡을 발표했을 때에도 베토벤에게 **피아노 협주곡 2번 내림마장조, Op.19**을 연주할 수 있도록 해 베토벤을 세상에 알렸고, 빈의 왕족과 귀족이 모이는 가면무도회에서 사용할 춤곡과 미뉴에트를 베토벤이 작곡할 수 있도록 하는 등 지속적으로 베토벤의 든든한 버팀목이 되길 마다하지 않았다. 또 베토벤이 1795년 자신의 첫 출판 작품인 **피아노 삼중주 Op.1**를 내놓을 때에는, "베토벤, 악보의 자네 이름 아래에 '하이든의 제자'라고 써도 좋다네"라며 이제 막 세상에 이름을 알리는 신인 작곡가에게 배려를 아끼지 않았다.

그러나 혈기왕성한 베토벤은 노스승의 제안을 단칼에 거절했다. 스승의 명성을 빌려 출세를 쫓는 꼴은 베토벤의 자존심이 허락하지 않았을 뿐더러 스승 하이든의 그늘에 자신을 옭아매기 싫었던 것이다. 빈에 정착한지 얼마 안 된 시점이었지만 베토벤은 이미 빈에서 피아니스트로 또 작곡가로 명성을 쌓아 가고 있었다. 베토벤은 경력이 쌓일수록 한편으론 하이든을 가까운 미래의 경쟁자로 여겼고, 언젠가 이 거장의 가르침이 자신의 재능과 명성을 펼치는 데 방해가 된다고 느꼈다. 훗날 베토벤은 제자 리스에게 "나는 하이든에게 배운 것이 하나도 없다"라고 말했다.

두 사람의 관계는 오래 가지 않았다. 베토벤이 하이든에게 **피아노 소나타 1번 바단조, Op.2-1**을 헌정하기도 전인 1794년 1월, 이미 두 사람의 사제관계는 끝나 있었다. 베토벤이 하이든에게서 배운 기간은 약 1년 2개월, 고작 14개월이 전부였다.

고상한 취향을
알려 준 하이든

그렇다면 하이든이 베토벤에게 가르쳐 주고 싶었던, 물려주고자 했던 음악적 유산은 무엇이었을까? 그건 아마도 베토벤에게 평생을 두고 길라잡이가 되어 줄 나침반, 바로 고상한 취향이었을 것이다. 베토벤이 서고에서 자신의 악보들을 탐독하고 또 깨알같이 필사해 가며 공부하는 모습을 발견했을 때 하이든은 무척이나 흐뭇했을 것이다. 하이든은 베토벤이 고전을 통해 기본기를 다지고 쉽게 고갈되지 않을 고상한 취향들을 습득하길 바라고 또 바랐을 것이고, 베토벤이 음악의 풍랑 속에서 휘청일 때면 언제라도 가장 든든한 버팀목, 멘토가 되어 주리라 다짐했을 것이 분명하다.

1808년 3월 긴 세월이 지나 베토벤은 하이든의 76회 생일을 축하하는 갈라 콘서트에 참석했다. 하이든의 오라토리오성악의 일종으로 줄거리가 있는 곡의 모임 **천지창조**가 연주되고 난 뒤, 베토벤은 하이든 앞에 무릎을 꿇고 연로한 스승의 손과 이마에 존경을 담아 입을 맞추었다. 이후 베토벤은 하이든을 헨델, 바흐, 글루크, 모차르트와 동등한 반열의 거장으로 존경했고 자신은 그 옆자리를 차지할 자격이 없는 미천한 존재라 말하며 스스로를 낮췄다.

들으면서 읽는 베토벤

피아노 소나타 1번 바단조, Op. 2-1
피아노: 다니엘 바렌보임

피아노 소나타는 베토벤에게 있어 작곡에 가장 기본이 되는 악곡 양식으로, 이 곡은 아직 원숙미를 드러내지 않고 있지만 뒤이어 작곡될 서른한 곡의 피아노 소나타와 아홉 곡의 교향곡의 원천이 되는 작품이라 할 수 있다.

• **1악장: 알레그로**빠르고 경쾌하게

소나타 형식으로 바단조의 강렬한 주제로 시작한다. 이어 이와는 대비되는 밝고 가벼운 주제가 분위기를 환기시킨다. 두 주제들은 변형되고 발전되어 긴장감과 에너지를 응축시켜 나간다.

• **2악장: 아다지오**느리게, 천천히

서정적이고도 소박한 느린 악장으로 모차르트와 유사한 고전적 형식을 띄고있다. 빠른 1악장과 대비를 이루며 베토벤 특유의 아름답고 유려한 선율미가 돋보인다.

• 3악장: 알레그레토조금 빠르게

고전적 소나타 양식의 전형인 미뉴에트로 메인 테마와 그와 대조를 이루는 트리오의 다이내믹의 대비가 인상적이다.

• 4악장: 프레스티시모가능한 한 빠르게

소나타 형식으로 매우 빠른 도전적인 연주가 인상적이다. 전형적인 형식 속에서 여러 주제를 제시하며 긴장감을 몰아가고 에너지를 폭발시키는 베토벤 특유의 음악적 문법을 느낄 수 있다.

음악가 최초의 프리랜서 베토벤

피아노 협주곡 2번 내림나장조, *Op.19*

　자유로움은 우리에게 어떤 의미를 가질까? 자유는 누군가의 간섭을 받지 않고 모든 것을 내 뜻대로 할 수 있다는 의미이기도 하지만, 스스로 오롯이 책임져야 한다는 의미이기도 하다. 시대에 따라 자유로움의 가치는 달라진다.

　과거 공무원을 최고의 직업으로 여긴 이유도 마찬가지다. 평생 잘릴 걱정 없고, 노후까지 준비할 수 있으니 인기가 많을 수밖에 없다. 하지만 지금은 사회 분위기가 달라졌다. 어린아이부터 청소년까지 나중에 가장 하고 싶은 일을 물으면 유튜버 혹은 인플루언서라고 답한다. 안정성보다는 개성, 즉 나를 드러내는 가치가 더 중요해졌다.

지금은 프리랜서로 활동하는 사람이 많지만 베토벤이 살던 시기는 그렇지 않았다. 베토벤은 아버지와 스승 하이든과는 다르게 궁정악장의 삶을 원하지 않았다. 귀족들을 위한 혹은 돈을 위한 음악이 아닌 자신이 원하는 음악을 하고 싶었던 그의 마음이 여기서 드러난다.

"나에게 있어 예술의 목적은 자유와 진보다"

겨우 스물두 살의 나이, 빈으로 이주한 베토벤이 낯선 땅에 자신의 이름을 알리기까지 그리 오랜 시간이 걸리지 않았다. 베토벤은 작곡가 이전에 훌륭한 피아니스트였다. 우아함 일색의 빈 음악과는 극렬히 대비되는 베토벤의 열정적이고 격렬한 즉흥 연주는 빈의 청중들을 단숨에 사로잡았다. 스물다섯 살이 되던 즈음 베토벤은 이미 명실공히 당대를 대표하는 피아니스트로 자리매김했고, 이제 그의 이름은 오스트리아를 넘어 전 유럽으로 뻗어나가기 시작했다.

스물다섯 살의 베토벤은 마침내 공식적인 첫 데뷔 무대를 갖는다. 이날 최초의 공개 연주회에서 베토벤은 자신이 직접 작곡한 **피아노 협주곡 2번 내림나장조, Op.19**을 연주했는데, 베토벤이 대중들에게 처음 보인 작품이 독주곡이나 실내악곡이 아닌 자신이 직접 작곡한 피아노 협주곡이었다는 점을 눈여겨봐야 한다. 협주곡은 오케스트라와 함께 연주하는 장르다. 스물다섯 살의 청년이 거대한 오케스트라와 맞서 오케스트라를 집어삼킬듯, 피아노를 부숴 버릴 듯한 광휘를 내뿜으며 격렬히 연주하는 모습을 상상해 보라. 게다가 자신이 직접 작곡한 작품에 온전히 몰입해 예술혼을 불태우는 모습은 가히 압도적이었으리라.

베토벤이 자신의 데뷔곡으로 자작의 협주곡을 택한 이유는 치밀한 계획에 의한 것이다. 이 연주회를 통해 베토벤은 빈 전체에 '내가 빈 최고의 피아니스트다'라는 메시지와 함께 '빈 최고의 작곡가가 되고 말겠다'라는 선포를 한 셈이다. 이 곡을 듣다 보면 이러한 베토벤의 의지가 확실히 느껴진다.

당시 음악가가 할 수 있는 최고의 출세, 가장 안정적인 직장이자 최고의 지위는 바로 궁정악장이었다. 스승 하이든이 궁정악장 말년 시절 받은 연봉은 지금 기준으로 약 7천만 원 수준이었지만, 영주의 허락을 받는다면 수입을 더 올릴 수도 있었다. 일례로 살리에리는 빈의 궁정악장으로 있으면서 따로 오페라를 작곡해 일년에 6억 원 이상의 수입을 올리기도 했다. 그렇다면 하이든이 '훗날 유럽에서 가장 훌륭한 음악가'가 될 재목이라 지목했던 청년 베토벤 역시 궁정악장의 자리를 바랐을까?

하이든의 고용계약서에는 다음과 같은 사항들이 기입되어 있다. 항상 규정에 맞는 유니폼과 가발을 착용해야 하며, 매일 정해진 시간에 작곡할 곡을 주문받을 것, 예를 들어 "다음 주에 친구들이 방문하기로 했으니 여흥을 돋울 곡을 작곡하고, 그 다음 주엔 조카의 결혼식이 있으니 격에 맞는 작품으로 준비하게"라는 지시가 있었을 것이다. 또한 모든 음악은 영주의 재산이므로 영주가 요구하는 것 외에는 작곡을 해서도 안 되고 자신이 작곡한 작품 역시 유출할 수 없었다.

음악의 신동 모차르트는 평생을 궁정악장으로 살았고, 베토벤의 아버지 역시 자신의 아들이 훗날 언젠가는 그의 할아버지처럼 궁정악장이 되길 소망했다. 그러나 베토벤에겐 안정적인 삶이나 사회적 지위보단 자유로운 삶이 더 중요했다. 오직 '자유와 진보'를 향한 예술을 위해, 예술가로서의 존엄성을 위해 일체의 속박 관계를 거부했다.

이는 '난 더 이상 귀족들을 위해 작곡하지 않을거야', '난 내가 하고 싶은 걸 할 테니 당신들은 그저 귀만 기울이면 돼'라는 선언과도 같은 의미였다. 1795년 3월 29일 빈에서의 데뷔 연주를 통해 베토벤은 이제 음악회는 소비자 중심에서 예술가 중심으로 재편되었음을 알렸고, 음악가 최초의 프리랜서 예술가의 출연을 선포했다.

들으면서 읽는 베토벤

피아노 협주곡 2번, 내림나장조, Op.19

피아노: 마르타 아르헤리치, 지휘: 다니엘 바렌보임, 오케스트라: 서동시집

베토벤의 다섯 개의 피아노 협주곡 중 두 번째 협주곡이다. 출판 순서가 아닌 작곡 순서로 따지면 첫 번째 협주곡에 해당한다. 베토벤의 피아노 협주곡 중 가장 규모가 작지만, 베토벤 특유의 호전적인 면모가 보이는 곡이다.

• 1악장: 알레그로 콘 브리오 씩씩하고 빠르게

관현악에 의해 모차르트풍의 세련되고 수려한 제1주제가 제시되고 이이 피아노 독주가 가세하여 카덴차Cadenza·독주자가 오케스트라가 연주하지 않는 가운데 자신의 기량을 마음껏 뽐내는 부분의 선율을 선보인다. 이어 오케스트라가 다시 연주하면 피아노 독주의 화려한 기교가 최고조를 향해 치닫는다.

• 2악장: 아다지오 느리게, 천천히

변주곡 풍으로 우아하고 서정적인 악장이다. 오케스트라와 함께 어우러지는 피아노 독주의 선율은 시정으로 가득 차 있다.

• 3악장: 알레그로 몰토 매우 빠르게

론도 소나타 형식으로, 하이든이나 모차르트를 연상하게 하는 쾌활한 악장이다. 피아노가 주제를 제시하면 오케스트라에 의해 재현되고 이내 함께 어우러져 강렬한 에너지로 경쾌한 대미를 장식한다.

작품 번호로 직접
의미를 부여한 음악가

피아노 삼중주, *Op.1*

클래식 음악이 어렵다고 느껴지는 이유 중 하나는 바로 복잡한 제목 때문일 것이다. 클래식 작품의 제목을 살펴보면 심포니 Symphony, 왈츠Waltz, 발라드Ballade 같은 온갖 외국어들과 심지어 숫자까지 섞여 있어 이제 막 입문한 초심자들에겐 마치 외계어나 암호문처럼 보일지도 모른다. 하지만 제목을 읽는 간단한 공식만 숙지하고 나면 작품에 대해 생각보다 많은 정보를 얻을 수 있다.

베토벤 피아노 삼중주, Op.1을 보면 첫머리엔 작곡가의 이름 '베토벤'이 붙고, 뒤이어 악곡의 형태 '피아노 삼중주', 맨 마지막은 작품 번호를 뜻하는 '오푸스 넘버Opus Number'의 약어인 'Op' 순으로 이루어져 있다. 이 책에서는 편의상 작곡가 이름은 쓰지 않겠다.

그럼 작품 번호의 숫자는 어떻게 매겨질까? 흔히 작곡가가 작품을 작곡한 순서라고 생각하기 쉽다. 하지만 보통 작품을 출판할 때 작품 번호가 부여되기 때문에 대개 출판 순서를 따른다.

그런데 재미있는 사실은 베토벤이 활동하던 시대에는 보통 작품 번호를 붙이지 않았다는 사실이다. 당시엔 한 번 연주된 곡이 다시 연주되는 일이 거의 없었다. 어차피 연주되고 나면 버려질 작품에 굳이 작품 번호를 붙였겠는가. 당시의 작곡가들은 대개 왕이나 귀족, 교회에 종속되어 음악을 만들었다. 고용자의 필요와 용도에 따라 그때그때 주문을 받아 만들어 제공하는 식이었다. 부잣집 잔칫상에 같은 음식을 두 번 올리지 않는 것과 같은 이치로, 같은 곡이 두 번 세 번 연주되는 일은 거의 없었다.

그렇기에 베토벤이 살았던 고전주의 음악 시대에 작곡된 많은 작품 번호는 당시에 붙여진 것이 아닌 후대 음악학자들에 의해 정리된 것이 대부분이다. 음악학자들마다 작품 번호를 정리하는 방식도 달라서 작곡 순으로, 출판 순으로 또 악곡 형식에 따라 분류하는 등 다양한 기준으로 작품 번호가 부여되었다.

자신의 작품에
이름을 붙인 베토벤

베토벤은 다른 사람들과는 다르게 자신의 작품에 직접 작품 번호를 부여했다. 이것이 시사하는 바는 '나의 작품은 행사를 위한 일회성이 아닌, 미래에 두고두고 연주될 감상용 작품'임을 나타내는 베토벤의 의지 표명이었다고 할 수 있다. 그럼 베토벤의 첫 작품은 어떤 작품일까?

베토벤의 의미 있는 첫 작품은 1782년 독일 본 시절, 베토벤의 첫 스승인 크리스티안 고틀로브 네페의 권유로 열한 살의 나이에 작곡한 **드레슬러 행진곡 주제에 의한 아홉 개의 피아노 변주곡, WoO 63**이다. 작품의 표지엔 "열 살의 루이 판 베토벤"이라고 프랑스식으로 이름까지 새겨 독일에서 출판되었다. 참고로 베토벤은 아버지 요한 때문에 자신의 나이를 실제보다 한두 살 어리게 알고 있었다. 작곡은 열한 살부터 꾸준히 이루어져 빈으로 이주하기 전에도 **황제 요제프 2세의 죽음에 관한 칸타타, WoO 87** 등의 다양한 장르의 작품을 작곡했다. 그중 변주곡과 가곡 작품은 출판으로까지 이어졌다.

그런데 앞서 소개한 작품들의 끝머리에는 작품 번호를 뜻하는 Op 대신 WoO란 표기가 달려 있다는 사실을 발견했을 것이다. WoO란 독일어로 'Werke ohne Opuszahl Works without Opus number'의 약어로 우리말로 풀이하면 '작품 번호가 없는 작품들'의 작품 목록을 의미한다. 목록엔 베토벤 생전 출판되었던 작품도 있고 미완성 작품, 스케치 등 다양한 작품이 포함되어 있는데, 한마디로 번외 작품 목록인 셈이다.

피아노 삼중주, Op.1을
첫 번째 곡으로 선택한 이유

당시 베토벤이 자유예술가, 프리랜서로서 첫걸음을 내딛는 시점이었음을 잊어선 안 된다. 스물다섯 살의 외국인 비정규직 음악가 베토벤은 신중하고 또 신중했을 것이다. 대중이라는 무대에 자신을 알리는 첫 작품으로 작곡가로서의 예술성과 가치를 증명해내야 했기 때문이다. 그렇기에 본 시절 습작 시기의 작품들은 당연히 성에 차지 않았다.

작품의 수준을 고려한다면 최초의 공공 연주에서 본인이 직접 연주했던 **피아노 협주곡 2번 내림나장조, Op.19**도 나쁘진 않았다. 하지만 협주곡은 연주의 난이도가 너무 높기 때문에 소수의 음악가들만 구매하는 악보가 될 것이 뻔했다. 베토벤은 자신의 첫 번째 작품은 예술적 수준에 부합하면서 또 한편으론 상품적 가치 또한 두루 갖춘 곡이 되어야만 한다고 생각했을 것이다.

이 모든 조건에 부합하는 작품이 바로 **피아노 삼중주, Op.1**이었다. 당시 빈의 상류층 사이에선 피아노만큼이나 실내악의 인기가 높았다. 작품의 난이도 또한 높지 않아서 아마추어 음악가들이나 전문 음악가들이 부유한 집의 살롱이나 정원에서 연주하기에 안성맞춤이었다. 게다가 피아노 삼중주는 피아니스트, 바이올리니스트, 첼리스트 세 명의 연주자를 필요로 하는 악곡 형식이니 독주곡 악보에 비해 그만큼 잠재적인 구매자도 많았다.

베토벤의 예상은 적중했다. 베토벤이 **피아노 삼중주, Op.1**의 출판으로 거둬들인 수익은 843플로린으로, 이는 베토벤이 본의 궁정으로부터 받던 연봉의 무려 두 배에 달하는 거금이었다. 당시 악보가 출판되기도 전부터 몰려든 사전 예약자가 249명이었고 악보는 꾸준한 흥행을 이어 나가 3쇄까지 재쇄를 찍어야 할 정도였다. 이제 베토벤은 작곡가로서 자신의 입지를 한층 공고히 했으며 빈의 교양 있는 상류층들은 이제 그의 후원자가 되기 위해 안달이 날 지경에 이른다.

들으면서 읽는 베토벤

피아노 삼중주, Op.1

피아노: 유진 이스토민, 바이올린: 아이작 스턴, 첼로: 레너드 로즈

베토벤 자신이 작품 번호를 최초로 부여한 작품, **피아노 삼중주, Op.1**는 세 곡의 피아노 삼중주가 한데 묶여 빈의 아르타리아 사를 통해 출판된 세트 작품으로, 첫 번째 삼중주는 1793년부터 1794년에 걸쳐, 두 번째와 세 번째 삼중주는 1794년에서 1795년에 걸쳐 완성되었다. 작품은 전 4악장으로 구성되어 있으며, 총 연주 시간은 26분 정도 소요된다.

• 1악장: 알레그로빠르게

힘찬 총주로 시작하여 피아노를 중심으로 한 제1주제가 제시된다. 이어 등장하는 제2주제는 따듯함과 우아함으로 가득 차 있어 제1주제와 대비를 이루어 아름다운 하모니를 자아낸다.

• 2악장: 아다지오 칸타빌레노래하듯이 느리게

노래하는 듯 우아하게 연주되는 악장으로 피아노에 의해 제1주제가 제시되면 이어 바이올린이 화답하듯 뒤따른다. 이어 첼로와 바이올린의 대화하는 듯한 제2주제가 펼쳐치고 피아노의 풍요로운 화성은 이를 감싸 안으며 자연스럽게 제3주제를 제시한다.

• 3악장: 알레그로 아사이매우 빠르게

경쾌한 스케르초 악장으로 바이올린에 의해 주제가 제시되면 이어 첼로와 피아노가 그 주제를 반복하며 연주한다. 다양한 형태로 변형된 연주는 시종 쾌활한 분위기로 가득 차 있다.

• 4악장: 프레스토아주 빠르게

3악장보다 더 빠르게 연주되는 악장으로, 제1주제는 피아노에 의해 경쾌하게 연주된다. 이어지는 제2주제는 피아노의 유려한 선율로 이어지며 코다로 돌아가 화려하게 마무리된다.

무서운 거장의
색다른 모습

론도 카프리치오, *Op.129*, 〈잃어버린 동전에 대한 분노〉

영국 속담에 "신사는 우산과 유머를 가지고 다녀야 한다"라는 말이 있다. 거기에 위트를 더해 보면 어떨까. 위트Wit란 '말이나 글을 즐겁고 재치 있고 능란하게 구사하는 능력'을 말한다. 위트는 딱딱한 것은 부드럽게 어색한 것은 친근하게 만드는, 삶에 있어 반드시 필요한 필수 윤활유다.

나는 위트는 말뿐만 아니라 다양한 형태로 더할 수 있다고 생각한다. 순간의 분위기를 풀어 주는 행동, 흘러나오는 음악 모두 위트가 될 수 있다. 예를 들어 진지하고 엄숙한 분위기인 자리에서 벗어나고 싶다면, 여유롭고 평화로운 음악을 틀어 보자. 분위기가 한결 부드러워질 것이다.

카리스마 넘치는 지휘자의
따뜻한 배려

뮌헨 극장 시절 일본계 미국인인 세계적인 지휘자 켄트 나가노와 함께 공연을 한 적이 있다. 카리스마 넘치는 지휘자들을 많이 봐 왔지만 그는 정말 무서웠다. 집도 구하지 않고 호텔의 스위트룸에서 살 만큼 살인적인 스케줄에 시달리는 세계적인 지휘자라고는 하지만 도대체 사람이 맞나 싶을 정도로 차가웠다. 우연히 마주치기라도 하면 그는 항상 외마디의 "할로Halo" 아니면 가벼운 목례가 전부였다. 더 이상의 대화는 사양하는 듯 곧장 시선을 돌렸는데, 이는 모든 성악가와 스태프에게 똑같았다.

오페라《돈 카를로》리허설 때의 일이다.《돈 카를로》에는 무대에는 등장하지 않고 목소리만 출연하는 소프라노가 부르는 '천상의 목소리'라는 배역이 있다. 당시 리허설 중 천상의 소리를 부르는 소프라노가 2층의 발코니 커튼 뒤에서 노래를 부를 때였다. 그녀는 낭창한 목소리로 수준급의 노래를 불렀지만 오케스트라와 박자가 맞지 않았다. 그러자 지휘자는 매우 낮은 어조로 "2층 천상의 목소리! 박자가 느려요" 하곤 같은 부분을 다시 한번 지휘했다. 이번에도 역시 천상의 목소리는 지휘자의 오케스트라 박자를 맞추지 못했다.

그러자 지휘자는 마이크를 들고 "2층 천상의 목소리 들으세요. 선생님은 2층에서 노래를 부를 것이 아니라 지하 2층 연습실에서 연습을 더 하는 게 좋겠습니다"라고 말했다. 그리고 이어 "휴식합시다"라고 말하곤 자리를 떠났다. 정당한 지적이지만 극장 내 모든 오케스트라 단원들과 성악가, 스태프들은 최고 권력자의 이 냉소적인 한마디에 공포감으로 얼어붙었다.

며칠 뒤 극장 내 식당에서 켄트 나가노를 만났다. 그는 식사는 하지 않고 포크로 샐러드를 이리 저리 뒤적이고만 있었다. 그때 식당 직원이 그의 옆을 지나가자 그는 낮고 차분한 목소리로, 하지만 지긋한 미소를 지으며 조용히 "주문이 다르게 들어간 것 같아요. 혹시 바꿔 주실 수 있을까요? 난 유기농 메뉴를 주문하지 않았거든요"라는 말을 건넸다. 직원은 깜짝 놀라 바로 접시를 들고 짧게 사과한 뒤 새로운 음식을 내 왔다.

알고 보니 샐러드엔 꽤 큰 애벌레가 들어가 있었다. 지휘자는 혹시 식당 직원이 민망할까 봐, 다른 사람들에게 피해라도 갈까 봐 에둘러 위트 있게 말을 건넨 것이었다. 그 모습을 보기 전까지 나는 그를 피 한 방울도 나오지 않을 것 같은 냉혈안이라고만 생각했다. 상상할 수 없었던 따뜻한 모습이었다.

괴팍한 일상 속에서 발견한
무해한 음악

이번에 소개하는 〈잃어버린 동전에 대한 분노〉는 딱딱한 자리를 부드럽게 풀어 줄 수 있는 익살스러운 곡이다. 베토벤 음악 하면 떠올리는 엄숙하거나 장엄한 분위기의 곡이 아닌, 어쩐지 '베토벤스럽지' 않은 귀엽고도 무해한 곡이다. 어려운 사람들을 만나야하는 자리에 이 곡을 한번 틀어 보자. 분위기가 조금 더 부드러워질지도 모른다.

베토벤의 음악이 항상 아름다운 시정이나 고차원적인 이상을 담고 있을 것만 같지만, 모든 작품이 꼭 고상하지는 않다. 개중엔 유치한 일상을 담은 작품도 있고 순간의 독특한 발상에서 착안된 위트 있는 작품도 있다. 바로 베토벤이 스물다섯 살에서 스물여덟 살 사이에 작곡한 〈잃어버린 동전에 대한 분노〉가 대표적이다. 빠른 템포의 피아노곡으로, 부제로 더 유명하다.

베토벤은 이사를 자주 다녔다. 스물두 살에 빈으로 이주해 35년을 사는 동안 적어도 30번, 많게는 80번까지 이사를 다녔다고 주장하는 학자들도 있다. 아무리 적게 잡아도 일 년에 한 번 이상은 이사를 다닌 셈이니 그의 예민하고 까칠했을 성격이 자못 짐작이 간다.

"음악가가 피나는 연습을 하면 그 소리를 듣는 사람의 귀에선 피가 난다"라는 말이 있다. 잘 훈련되어 다듬어진 음악 연주는 아름다울지라도 연습하는 소리는 음악 애호가들조차 감내하기 쉽지 않다. 또한 베토벤에겐 괴팍한 습관이 있었는데, 작곡의 구상이 잘 풀리지 않으면 양동이에 냉수를 가득 담아 자신의 머리에 들이 부었다. 오전 내내 들리는 피아노 소음과 시도 때도 없이 천장에서 흐르는 물까지 아래층 이웃은 무슨 죄란 말인가.

이웃들의 민원도 그렇지만 베토벤이 고용한 가정부들의 고충 또한 만만치 않았다. 베토벤은 작곡을 하는 중에도 악상이 떠오르지 않으면 갑자기 책상에 머리를 들이받는다거나 만년필이나 악보뭉치를 집어 던졌다. 위대한 음악의 탄생을 위한 창작의 고통이라고 하더라도 아마 가정부들은 하루에도 열두 번씩 놀란 가슴을 쓸어내려야 했을 것이다. 게다가 작곡에 몰두하면 잘 씻지 않아 머리는 항상 부스스했고 악취마저 진동했는데, 집의 청소 상태가 조금이라도 마음에 들지 않으면 가정부에게 쏘아붙였다고 전해진다. 나이만 먹었지 여전히 미숙함 투성이의 나 또한 덩달아 뜨끔하다.

〈잃어버린 동전에 대한 분노〉는 베토벤 생전엔 출판되지 않았고 사후에 베토벤의 비서였던 안톤 쉰들러에 의해 출판되었다. 쉰들러의 설명에 따르면 어느 날 베토벤이 동전 한 닢을 잃어버렸는데, 동전을 찾기 위해 집을 샅샅이 뒤졌으나 끝내 찾지 못했다고 한다. 괴팍한 성격을 가진 베토벤이 동전을 찾아다니는 모습을 상상하며 곡을 들어 보자. 어쩐지 지금보다 베토벤이 조금 더 가깝게 느껴질 것이다.

낭만주의 음악의 대가이자 평론가로도 유명했던 로베르트 슈만은 이 곡에 대해 이런 평을 남겼다.

　"이 작품은 발에서 신발을 벗어낼 수 없을 때 느꼈던 것과 비슷한, 가장 상냥하고 해가 없는 분노입니다. 이 기분보다 더 좋은 것을 찾기는 어려울 것입니다."

들으면서 읽는 베토벤

론도 카프리치오, Op.129, '잃어버린 동전에 대한 분노'

피아노: 예프게니 키신

알레그로 비바체, 매우 빠른 템포의 곡이다. 상냥하게 시작되는 단순한 선율과 화음은 이내 서두부터 조바꿈을 하며 변화무쌍하게 진행된다. 분노가 고조되었다가 이내 누그러지는 듯한 음형들을 유쾌하고 익살스럽게 연주한다.

카프리치오는 '기상곡'이라고도 불리는데, 이탈리아어로 '변덕' '공상'을 뜻하는 말로 대부분 짧은 기악곡으로 변화가 많은 음악을 일컫는다. 규칙 없이 자유로운 음악 형식으로 변덕, 익살, 즉흥적인 음악적 특징이 있다. 론도는 '돈다'라는 의미의 프랑스어 'Rondeau'에서 기인한 음악 형식으로 하나의 주제가 다른 여러 개의 주제와 번갈아 연주되는 형식을 말한다.

음악을 들어보면 마치 쫓고 쫓기는 듯한 애니메이션의 한 장면을 연상시킨다. 다급하고 변덕스럽게 몰아붙이는 음형은 '잃어버린 동전에 대한 분노'라는 부제와 기가 막히게 잘 맞아떨어진다. 하지만 이 제목은 베토벤이 직접 붙인 것이 아니고, '동전을 잃어버린 베토벤의 분노'를 표현한 작품이라는 비서 쉰들러의 전언도 확실하지 않다. 오히려 사실이 아닐 가능성이 훨씬 높다.

이 작품에 이런 부제가 붙여지게 된 결정적인 이유는 베토벤이 악보 한편에 '잃어버린 동전에 대한 분노'라는 메모를 남겨서인데, 현재는 그 필체가 베토벤이 아닌 쉰들러의 필체로 여겨지고 있다. 하지만 제목에 걸맞게 동전을 잃은 사람의 찾고자 하는 절박함과 긴장감이 표현된 곡이다.

성공을 위해
끊임없이 노력하는 마음

교향곡 1번 다장조, *Op.21*

———

천재는 1퍼센트의 영감과 99퍼센트의 노력으로 이루어진다는 말이 있다. 제아무리 천부적인 재능을 타고 났다고 하더라도, 노력 없이 그 재능을 꽃피우기 어렵다. 공부도 마찬가지고 일도 마찬가지다. 타고난 능력으로 남들보다 빨리 성공의 맛을 봤다고 하더라도, 그것을 유지하기 위한 노력을 게을리 하면 남들보다 뒤처질 가능성이 높다. 어떤 일을 하더라도 노력은, 성공을 위한 단 하나의 확실한 길이다.

반년 더 대위법을 공부하면 원하는 대로 할 수 있게 될 것이다.

1794년 베토벤의 스케치북 발췌 내용

일생에 한번은 베토벤을 들어라

베토벤은 천부적인 재능을 타고났음에도 거기에 만족하지 않고 더 많이 배우고 더 많이 알기를 원했다. 사실 베토벤은 한번도 음악 학교에서 정규 교육, 체계적인 공부를 해 본 적이 없다. 어린 시절 본의 선제후의 아량으로 훌륭한 궁정 음악가들에게 음악 수업을 받긴 했지만 늘 부족했다.

스물두 살 빈으로 이주한 베토벤은 당대 최고의 교향곡 작곡가 하이든 곁에서 교향곡이라는 드넓은 밭을 일궈 낼 최고의 작농법을 배울 수 있으리라 확신했다. 그러나 하이든은 그저 고결한 취향을 지닌 멘토로서 또 음악계로 이끌어 줄 든든한 후견인을 자처할 뿐 음악 수업에 많은 시간을 내어 주지 않았다.

베토벤은 큰 규모의 음악, 짜임새를 갖춘 체계적인 음악을 구축하고 싶었고, 하루빨리 부족한 대위법_{두 개 이상의 독립된 선율을 조화롭게 배치하는 작곡법}을 완벽하게 공부해야 했다. 성미 급한 베토벤은 하이든과 함께 공부를 시작한 지 몇 달이 채 지나지 않아 자신의 음악적 갈증을 해소해 줄 스승을 찾아 나선다.

곧장 빈 슈테판 성당의 음악 감독이자 대위법의 대가 요한 알브레히츠베르거와 작곡가이자 빈의 유명한 음악 선생인 요한 밥티스트 쉥크를 찾아가 하이든 몰래 음악 이론 수업을 받기 시작한다. 또한 '살리에리 증후근_{1인자를 질투하고 시기하는 2인자의 심리}'으로 잘 알려진 빈의 궁정 작곡가 안토니오 살리에리는 신인 음악가 베토벤의 열정을 보고 수업료도 받지 않고 성악 작곡 수업을 해 주었다. 이로써 베토벤은 대위법 등의 음악 이론을 익혀나가며 훗날 인류의 유산이 될 교향곡을 작곡할 수 있는 기본기를 탄탄히 다져 나갔다.

교향곡 작곡가로서 데뷔와
관객들의 인정

모차르트의 첫 교향곡 발표는 그의 나이 여덟 살 때의 일이었고, 하이든은 스물다섯 살에 자신의 첫 교향곡을 발표했다. 1800년 베토벤의 나이 서른 살, 그는 이미 열 개의 피아노 소나타, 여섯 개의 현악 사중주를 발표해 작곡가로서 입지를 다지고 빈의 새로운 인물로 떠오른 뒤였지만 '기악 음악의 꽃' 교향곡의 발표에 있어서는 신중하고 또 신중했다.

마침내 베토벤의 첫 교향곡이 발표되던 날, 오매불망 새로운 교향곡의 등장을 기다리던 빈의 청중들은 한껏 들떠 있었다. 교향곡의 아버지 하이든의 마지막 교향곡이 발표된 지 이미 5년이나 지난 뒤였고, 모차르트의 마지막 교향곡 발표로부터는 이미 12년이나 흐른 뒤였기 때문이다. 예술의 도시 빈의 시민들은 독일 출신의 라이징스타 베토벤이 교향곡의 명맥을 이을 만한 사람인지 두 눈과 귀로 직접 확인하고 싶어 했다.

당시의 관례대로 베토벤은 공연의 첫 곡과 마지막 곡에 교향곡을 배치하는 수미쌍관 형식의 프로그램을 진행했다. 오스트리아 빈을 상징하는 모차르트의 교향곡으로 시작해 빈의 존경받는 작곡가 하이든의 작품을, 뒤이어 자신의 피아노 협주곡과 칠중주를 배치했다. 그리고 다시 하이든의 오라토리오 중 이중창을 연주한 뒤 베토벤 자신의 즉흥 연주와 자신의 첫 교향곡으로 마지막을 장식했다.

이 당돌한 순서는 야망 있는 자유 음악가의 노림수라 할 만하다. 베토벤은 프로그램 서두에 모차르트와 하이든의 곡에 뒤이어 자신의 작품을 나란히 등장시킴으로써 자신이 그들의 반열에 오른 혹은 그들의 뒤를 이어 빈의 음악계를 이끌어 갈 새 인물임을 온 세상에 공표한 것이다.

공연은 대성공이었다. 빈의 음악계와 청중들은 베토벤의 교향곡에 환호를 보냈다. 당시 음악 신문에 따르면 "대단한 예술, 새로운 작품, 아이디어의 충만함"이란 호평으로 넉넉한 합격점을 준 것을 발견할 수 있다. 다만 초연의 지휘봉을 잡았던 지휘자와 오케스트라, 특히 목관 악기의 연주 실력에 대한 비평은 있었다. 하지만 허술한 연주 실력에도 베토벤의 첫 교향곡이 독창적인 악상과 빈틈없는 작법으로 완벽하게 작곡된 작품임에 이견을 다는 이는 아무도 없었다.

베토벤은 1795년부터 첫 번째 교향곡의 악상을 하나둘씩 착상시켰고 본격적으로 1799년부터 작곡에 착수하여 1800년에 완성한다. 작품의 외형은 모차르트와 하이든 등 모범적인 고전주의 교향곡의 형태를 따르는 듯하지만, 속을 들여다보면 그렇지 않다. 베토벤은 고전주의 형식을 흡수해 정통적인 교향곡을 탄생시키면서 한편으론 이전엔 없었던 몇몇의 실험적인 악상들을 심어 놓았다. 이것은 앞으로 다가올 자신만의 독창적이고도 숭고한 교향곡의 세계를 의미한다.

들으면서 읽는 베토벤

교향곡 1번 다장조, Op. 21

지휘: 크리스토프 에셴바흐, 오케스트라: 프랑크푸르트 방송교향악단

본격적인 작곡은 1799년에 착수하여 1800년에 완성되었다. 초연은 1800년 4월 2일 빈의 부르크테아터에서 이루어졌으며 황실 도서관장이자 제국 교육위원장을 역임한 고트 프리트 판 스비텐 남작에게 헌정되었다. 악보의 초판은 파트 악보로 1801년 빈의 호프마이스터 운트 퀴넬을 통해 출판되었고, 총보는 1809년에 런던의 치안체티니 앤드 스페라티에 의해 출판되었다.

• 1악장: 아다지오 몰토 아주 느리게, 알레그로 콘 브리오 불 같은 열정을 가지고 빠르게

목관악기에 의해 느린 템포로 시작한 다음 경쾌한 템포로 이어진다. 현악기에 의해 본격적인 제1주제가 등장하고 이어 오보에와 플루트가 이끄는 제2주제가 뒤를 잇는다. 목관 악기가 아름다운 선율로 수를 놓은 뒤 트럼펫의 팡파르와 함께 화려하게 마무리된다.

• 2악장: 안단테 칸타빌레 콘 모토노래하며 걸어가듯 평온하게

제2바이올린에 의해 주제가 펼쳐치고 다른 악기군들은 이를 모방하며 서정적인 선율을 자아낸다. 이어 인상적인 리듬의 팀파니가 등장하고 오케스트라는 다시 서정적인 분위기로 돌아가 목가적인 분위기로 마무리한다.

• 3악장: 알레그로 몰토 비바체아주 빠르고 생기 있게

미뉴에트 악장으로 표기해 놓았으나 실제로는 해학적이고 익살스러운 악장에 가깝다. 강약의 대비, 부드럽게 연주하는 부분과 날카롭고 절도 있는 부분의 대비가 인상적이다.

• 4악장: 아다지오느리게, 천천히 **알레그로 몰토 비바체**아주 빠르고 생기 있게

통상적으로 4악장은 빠른 악장이지만 앞에 느린 아다지오 템포의 서주를 두어 신선한 효과를 이끌어낸다. 하지만 음악은 바이올린을 중심으로 점점 속도를 내 시종 밝은 경쾌한 주제들을 연주하고 이내 화려한 피날레로 치닫는다.

스스로를
믿어야 하는 이유

피아노 소나타 8번 다단조, *Op. 13*, 〈비창〉

나는 종종 익숙하다 못해 진부하기까지 한 '자기 확신'이라는 강력한 말을 종종 잊고 산다. 불안감이나 조바심으로 마음이 혼란스러워 갈지자로 휘청거릴 때면 〈비창〉을 꺼내 듣는다.

〈비창〉은 그저 조화롭게 균형 잡힌 아름다운 선율의 나열에 그치지 않는다. 스물일곱 살 베토벤이 가졌을 원대한 이상과 정신의지, 그를 뒷받침하는 열정과 정당한 자기 확신이 작품을 감싸고 있다. 그저 귀를 기울이기만 하면 작품이 주는 에너지가 온몸을 휘몰아치면서 부정적인 상념이 서서히 자신감으로 변한다. 인생의 굽이굽이 필연적으로 만나게 되는 정체와 좌절로부터 벗어나게 해 줄 유일한 해결책은 바로 자신감, 자기 확신에 있지 않을까?

라이징스타 베토벤의
작곡 스타일

생애에 걸친 베토벤의 작곡 방식은 이러했다. 어떤 선율이나 가락, 음악의 형식 등 음악적 영감이 떠오르면 가장 먼저 피아노 곡으로 작곡했다. 그리고 피아노 소나타로, 실내악곡으로, 협주곡으로, 교향곡으로 음악적 형식과 규모를 확장했다. 베토벤이 남긴 위대한 아홉 개의 교향곡의 원천은 바로 피아노 소나타에 있었다고 해도 과언이 아니다. 베토벤은 생애에 걸쳐 총 서른두 곡의 피아노 소나타를 작곡했는데, 그 모두가 걸작으로 불릴 만큼 높은 작품성을 갖고 있다.

20대 중반의 나이에 이미 피아니스트로서 또 작곡가로서 두각을 나타내기 시작한 베토벤은 겨우 5년간 무려 열두 곡의 위대한 피아노 소나타 작품을 남겼다. 무명의 청년 시절을 벗어나 라이징스타로 떠올라 최정점을 향해 도약을 내딛던 시기, 자기 확신으로 가득 찬 스물일곱 살의 베토벤이 작곡한 작품이 바로 그 유명한 〈비창〉이다. 베토벤의 초기 작품이지만 선배 작곡가들을 모방하는 것에서 벗어나 자기의 색채를 드러내는 최초의 작품임과 동시에 곧 다가올 베토벤 특유의 파격과 예술혼을 예견하게 하는 작품이다.

〈비창〉은 베토벤이 직접 붙인 '비창pathétique'이라는 표제와 함께 특별히 단독 출판된 작품으로 〈월광〉, 〈열정〉과 함께 베토벤의 3대

피아노 소나타로 불린다. 사실 〈비창〉의 표제는 오역된 표현으로 프랑스어 'pathétique'는 '비창悲愴·마음이 몹시 상하고 슬픔'이 아니라 '비장悲壯·감동적인, 감격적인'이라는 뜻이다. 제대로 번역된다면 '비장 소나타'가 더 적절한 표현일 것이다.

스물일곱 살의 베토벤은 피아노 소나타에 자신이 전하고 싶은 감상과 메시지, 다시 말하자면 표현 의지를 자신이 가장 잘하는 것, 자신이 원하는 방법과 형식으로 음악에 녹여 냈다. 이 작품은 선풍적인 인기를 끌었는데, 출판되었을 당시 악보가 없어서 못 팔 정도였으며 각종 연주회와 사교 모임에서 큰 인기를 끌었다.

나의 특별함은
내가 찾아야 한다

나는 서른두 살이 되던 2008년 독일 뮌헨에 있는 '바이에른 국립오페라단'에 입단했다. 영국에서의 오페라 공연을 마치고 뮌헨에서 맞이하게 된 극장 생활은 꿈만 같았다. 가장 흥분되는 일은 유럽 최고의 오페라 무대에 설 기회가 펼쳐진 것이었다. 비록 비중이 크지 않은 조역이었지만 유럽 최고의 극장이나 텔레비전에서 봤던 오페라 스타들과 한 무대에 선다는 것은 대단히 영광스러운 일이었다.

또한 주역 가수의 대역 가수로 리허설에 참여할 수 있었다. 젊은 오페라 가수는 이런 작은 계기로 자신을 알릴 기회를 얻고, 행여 주역 가수가 공연 당일 무대에 오르지 못하는 사고가 생기면 그를 대신해 대타로 무대에 오르는 행운을 얻기도 했다. 급하게 대역 가수로 무대에 올라 자신의 존재감을 만천하에 알렸던 마리아 칼라스나 플라시도 도밍고처럼 말이다.

하지만 이때 깨달았다. 정상의 자리를 군림하는 최고의 오페라 가수들은 공연을 앞두고 결코 아플 일이 없다는 사실을 말이다. 그들의 철저한 자기 관리를 직접 체감했다. 별다른 소득 없이 시간이 흐르자 한시라도 빨리 보다 더 큰 기회를 잡아야 한다는 압박감에 짓눌리기 시작했다. 나는 당시 극장의 예술 경영 감독이었던 로널드 아들러에게 면담을 요청했다. 예술 경영 감독은 극장 내 모든 경영에 있어 최고 결정권자로, 오페라 전반에 관한 최고 권위자라 할 만하다.

"아들러 감독님, 전 아직 주요한 배역을 맡기에 충분치 않다는 것을 절실히 깨달았습니다. 앞으로 더 좋은, 매력 있는 오페라 가수가 되기 위해서 무엇을 더 개발하고 또 어떤 점을 개선해야 할지 감독님의 고견을 여쭙고 싶습니다."

조바심을 숨길 수 없는 질문에 아들러 감독은 긴장을 풀어주려는 듯 유머 섞인 표정으로 대답했다.

"우성, 안타깝게도 오페라 가수는 해변 모래사장의 모래알만큼 많다네. 나는 지금 전화 목록에 있는 성악가들에게 전화를 걸어 배역에 맞는 사람을 30분 안에 찾아낼 수 있다네."

그리곤 무척 진지한 표정으로 이야기를 이어 나갔다.

"우성 왜 너의 개성을 다른 사람에게서 찾으려고 하지? 극장에서 원하고 필요로 하는 가수는 따로 존재하지 않는다네. 나의 조언은 간단하네. 자신이 가장 잘하는 것을 하면 된다네. 그리고 끊임없이 오디션의 문을 두드리게. 그러면 나에게 물었던 질문의 답을 언젠가 직접 얻게 될 것이네. 때로는 호평을, 때로는 악평이 따르겠지. 하지만 중요한 사실은 세상엔 열 명 중 한 명의 거짓말쟁이는 있어도 아홉 명의 거짓말쟁이는 없다는 사실이네. 본인이 가장 잘하는 것을 하며 끊임없이 부딪치며 나아가게. 가장 중요한 것은 '젤브스트페어트라우엔Selbstvertrauen', 바로 '자기 확신'이라는 것을 말일세!"

들으면서 읽는 베토벤

피아노 소나타 8번 다단조, Op. 13 〈비창〉

피아노: 조성진

"지금까지의 규칙은 더 이상 유효하지 않아"라고 선언하듯 자기 확신으로 가득 차 있는 곡이다. 일반적으로 피아노 소나타는 3악장 혹은 4악장으로 구성되어 있으며 1악장은 빠른 악장, 2악장은 느린 악장, 그리고 3악장은 다시 빠른 악장의 구조를 갖고 있다. 그런데 〈비창〉의 1악장은 매우 장중하고 느린 템포인 '그라베'로 시작한다. 음악 용어 그라베엔 '무덤'이란 뜻이 있고 또 '죽어가듯이'라는 뜻도 있다. 이 곡을 처음 들었을 당시의 관객들은 빠르고 경쾌한 시작 대신 묵직하고 비장한 서주의 1악장에 무척 당혹스러웠을 것이다.

사실 〈비창〉의 1악장도 여느 피아노 소나타들처럼 빠른 악장이다. 하지만 베토벤은 1악장 앞에 매우 느리고 장중한 서주를 덧붙여 몰입을 끌어올렸다. 이는 자신이 가장 잘하는 피아노 연주로 파괴를 통한 새로운 형식의 창조를 설득해 내고야 말겠다는 강한 의지이자 확신이다.

• 1악장: 그라베_{장중하고 느리게,} 알레그로 디 몰토 에 콘 브리오_{아주 빠르}

고 유쾌하게

가장 느린 속도의 서주로 시작한다. 느렸던 서주는 점차 고조된다. 긴장을 고조시키는 트레몰로와 함께 열정적인 제1주제가 등장하고 역시 긴장감 넘치는 분위기의 제2주제가 그 뒤를 잇는다. 주요 주제들이 반복적으로 등장하며 긴장을 발전시켜 나간다.

• 2악장: 아다지오 칸타빌레_{느리게 노래하듯이}

2악장의 아다지오 칸타빌레에서도 베토벤만의 독창성을 엿볼 수 있다. 보통 예쁘고 상냥한 느낌의 선율은 안단테 칸타빌레를 사용한다. 하지만 베토벤은 이 템포를 안단테보다 조금 더 느린 아다지오로 바꿨다. 그 효과로 2악장은 여느 안단테 칸타빌레처럼 무척 아름답지만 어딘가 더 그윽하고 처연한 듯한 복잡 미묘한 감정을 불러일으킨다.

• 3악장: 알레그로_{빠르게}

베토벤 특유의 변화무쌍한 감정의 폭발과 박력으로 소용돌이친다. 지금의 기준으로 보자면 "뭐가 그리 특별하지?"라며 대수롭지 않게 여길 수 있지만, 베토벤 이전의 피아노 소나타에선 이런 파격과 예술성을 찾아볼 수 없다.

인생의
주인공이
되고 싶다면

나를 되돌아보게 하는 곡

Ludwig van Beethoven

사색이
필요한 순간

피아노 소나타 14번 올림다단조, *Op.27-2*, 〈월광〉

　사색은 우리 인생에서 꼭 필요하다. 지금 나는 어떤 상태인지, 나는 어떤 사람인지를 비롯해 나와 내 주변에 대해 생각해 볼 수 있는 기회다. 현실이 너무 버겁고 나에게 닥친 일을 어떻게 해결해야 할지 혼란스러울 때, 오히려 그 해답은 내 안에 있을 수도 있다. 니체의 "지금까지 나의 삶에서 전부라고 생각했던 것, 나를 지배했던 초월적인 가치에 의문을 던져라"라는 말도 사색의 필요성과 이어진다. 나는 사색의 시간에 클래식 음악을 추가해 보기를 권한다. 조금 더 몰입할 수 있고, 또 다른 생각을 할 수 있는 기회를 주기 때문이다.

　한 음원 사이트에서 조사한 설문의 결과에 따르면 이용자들이 음악을 가장 많이 듣는 때는 운전 중이거나 이동할 때로 나타났고, 음악을 듣는 이유는 무료함을 달래기 위해서라는 응답이 가장 많았다. 또 음악을 가장 많이 듣는 시간대는 저녁 6시에서 10시 사이였다. 나 역시 분주한 낮보단 여유로운 저녁에 음악을 듣는 것이 좋다. 하지만 그저 무료함을 떨치기 위해 기분 전환용으로 흘려듣기보다는 편한 의자에 몸을 기대고 온전히 음악에만 집중해 감상하는 것을 훨씬 더 선호한다. 특히 마음이 단단히 엉켜 혼란스러운 날이면 몇 시간이고 집중해서 클래식 음악을 듣는다.

음악의 문은
듣는 사람이 닫는다

베토벤 음악, 그중에서도 〈월광〉은 나에게 사색의 시간을 준다. 작품에 어떤 정신이 담겨 있는지 또 어떤 의미를 내포하고 있는지는 오로지 작곡가 본인만 알 수 있다. 하지만 펜이 작곡가에게서 떠나는 순간 음악은 이미 작곡가의 것이 아니고, 연주자에 의해 연주가 되는 순간 더 이상 연주자의 것이 아니다. 음악은 오로지 감상자의 음악으로 남는다. 자신만의 상상의 나래를 펼쳐도 좋고 그 어떤 나름의 해석을 내놓아도 되는 자유가 있다. 설령 그 태도가 비이성적이라 할지라도 기분 나빠할 작곡가는 없다.

독일 유학 시절 때의 일이다. 독일의 음악대학에는 모든 수업이 끝난 뒤 저녁 연주회가 열린다. 독일의 모든 음대생들은 자신의 실력 향상을 위해 학기마다 두세 번 의무적으로 공개 연주를 해야 하는데, 우리나라로 치면 음대의 '향상 음악회'와 같다. 약 일곱 명 정도의 학생이 다른 레퍼토리로 연주한다. 학생이든 일반인이든 누구나 무료로 입장할 수 있어 폭넓은 음악을 접하기에 더할 나위 없이 좋다.

2003년의 어느 여름날 저녁, 가벼운 마음으로 연주회장을 찾았다. 친한 친구의 연주회도 아니었고 딱히 듣고 싶었던 곡이 있는 것도 아니었다. 혹시 음악적 영감이 떠오르거나 내 연주에 도움이 될 만한 작은 아이디어라도 건질 수 있을까 하는 막연한 기대감에서였다. 혹은 지금껏 접하지 못했던 음악을 들으며 교양적 욕구라도 채울 요량이었다.

연주회의 막바지 무렵 〈월광〉이 연주되기 시작했다. 베토벤은 1악장의 서두에 "느리면서도 진중하게 건반 하나하나를 무겁게 누르며 연주하라"라는 지시 외에도 연주자는 모든 음표를 극도로 섬세하게 연주할 것을 요구했다.

1악장은 전체 3악장 중 가장 잘 알려진 악장으로, 일반적인 소나타의 빠른 템포 대신 예외적인 느린 악장의 형태를 취하고 있다. 악장은 하프를 켜는 듯한 화음으로 시작되는데, 이는 악장 내내 지속되어 호숫가에 드리워진 물결과도 같은 고요하고도 쓸쓸한 분위기와 함께 압축되고도 절제된 비장감을 자아낸다. 프랑스의 작곡가 베를리오즈가 1악장의 우아하고도 담담한 선율을 두고 "인간의 언어로 표현할 수 없는 시"라고 말한 것처럼 듣는 이를 사색으로 이끌며 짙은 여운을 안겨 준다.

인생의 혼란을
고스란히 느낄 수 있는 곡

〈월광〉이 탄생한 1801년은 베토벤 인생에서 가장 격정과 혼란에 휩싸인 시기였다. 음악의 메카 빈에서 그의 이름을 모르는 이가 없을 만큼 명성을 떨치게 되었지만, 한편으론 그의 청력이 급격히 나빠졌다.

베토벤은 이 곡에 '환상풍의 소나타'라고 제목을 붙였지만, 오늘날에는 '월광'이라는 제목으로 불리고 있다. 베토벤이 세상을 떠난 지 5년 뒤 1832년 독일 베를린의 시인이자 평론가였던 루트비히 렐시타프는 이 곡의 1악장에 대해서 "달빛이 일렁이는 스위스 루체른 호수 위에 떠 있는 한 척의 조각배와 같다"라고 묘사했고, 이때부터 '월광'이 곡의 부제가 되었다.

1악장의 처연하고도 차분한 다단조 선율이 흘러나오자 나의 심장도 마치 음악의 템포처럼 제자리걸음을 하듯 느릿하게 뛰기 시작했다. 연주회장의 한쪽 면을 빼곡하게 메운 통창엔 붉은 석양이 근사하게 들어섰지만 어느새 나의 마음엔 짙푸른 호수 위 길게 늘

어진 달빛이 일렁이고 있었다. 슬프지도 그렇다고 상냥하지도 않은, 고요하고도 우울한 선율은 내 마음 속 어딘가를 자극했고 갖가지 부정적 상념과 감정이 깨어나 달빛을 따라 드넓은 호수 위를 고독하게 떠다니기 시작했다.

그러나 이런 무위 속 고독은 결코 홀로여서 외롭지 않았다. 〈월광〉은 오히려 수많은 생각과 말 속에서 혹사당한 나를 다른 차원으로 이끌어 보다 솔직한 나를 마주하게 했다. 달빛 아래의 차분함 속에서 마주한 나는 강물만큼이나 여유로웠다. 도덕적 굴레나 어떠한 책임으로부터도 해방된 고독 속에서의 사색은 진정 내가 원하고 바라는 바가 무엇이었는지 끝내 발견하게 해 주었다. 가슴을 옥죄었던 실수도 관대하게 용서 할 수 있었고, 주제 넘는 막연한 소망을 벅찬 희망으로 바꿀 수 있었다. 2악장을 지나 3악장의 격정이 몰아치고 모두 사라졌을 때 내 마음속엔 오롯이 음악만 남아 있었다.

이 날 음악으로, 또 나에게로 고독하게 몰입한 경험은 아직도 그 여운이 가시지 않는다. 나 역시도 사람들과 어울려 먹고 마시며 즐거움을 얻기도 또 스트레스를 풀기도 한다. 하지만 이렇게 음악을 들으며 고독 속에 나를 가두는 시간은 더 소중하다.

고독 끝에 답을 찾아도 또 그렇지 않아도 괜찮다. 〈월광〉을 들을 때만큼은 나에게 있어 음악의 가장 큰 쓸모는 소름도 아니오, 몰입도 아닌 바로 사색이다. 몸을 편히 뉘이고 스르르 곤한 잠을

청하고 싶을 때 찾는 음악 하나가 있다는 건 참으로 다행스러운 일이다. 따뜻한 차 한 잔, 위스키 한 잔과 함께라면 더할 나위 없다. 나에게 있어 〈월광〉은 나를 만나는 시간, 사색과 성찰을 통한 행복으로의 여정이다.

들으면서 읽는 베토벤

피아노 소나타 14번, Op. 27-2, 〈월광〉

피아노: 임동혁

• 1악장: 아다지오 소스테누토(느리면서도 진중하게)

베토벤은 1악장의 서두에 '느리면서도 진중하게 건반 하나하나
를 무겁게 누르며 연주하라'는 지시 외에도 연주자는 모든 음표를
극도로 섬세하게 연주할 것을 요구했다. 악장의 시작은 하프를 켜
는 듯한 세잇단음의 아르페지오펼침화음가 펼쳐지는데, 이는 악장
내내 지속되어 호숫가에 드리워진 물결과도 같은 고요하고도 쓸
쓸한 분위기와 함께 압축되고도 절제된 비장미를 자아낸다.

• 2악장: 알레그레토 조금 빠르게

A-B-A로 이루어진 세도막 형식의 밝고 경쾌한 인상의 악장이
다. 리스트가 "두 개의 심연 사이에 핀 한 떨기 꽃"이라고 표현했
는데, 무겁고 강한 1악장과 3악장 사이에서 오아시스처럼 청량감
을 더해줌과 동시에, 1악장과 3악장의 긴장감과 강한 대비를 이루
는 악장이다.

• 3악장: 프레스토 아지타토 급속하고 격렬하게

1, 2악장의 분위기와는 사뭇 다르게 매우 빠르고 요동치듯 격렬한 악장이다. 2악장의 밝았던 분위기는 이내 다시 어둡고 무거운 인상의 단조로 바뀌어 화려한 기교와 함께 폭풍처럼 몰아붙이며 역동적인 멜로디를 이끈다. 젊은 날 베토벤의 열정과 절망이 연상되는 악상은 마치 천둥과 번개처럼 폭발하고 분출하는 듯한 인상적인 음형과 함께 강렬하게 마무리된다.

진정한
영웅의 의미

교향곡 3번 내림마장조, *Op.55*, 〈영웅〉

　진정한 영웅이란 무엇일까? 남들이 해내기 어려운 일을 해내는 사람, 대중을 지휘하는 사람, 재능과 마음의 크기가 큰 사람 등 각각 생각하는 영웅의 모습은 다를 것이다. 내가 생각하는 영웅의 모습은 두 가지로 나뉜다. 하나는 다른 사람의 의견을 경청하고 존중하는 리더의 모습, 또 다른 하나는 어떤 일에도 굴복하지 않고 다시 일어나는 오뚜기 같은 사람의 모습이다.

　성악가의 삶부터 감독의 삶을 살면서 이 두 가지가 중요하다는 사실을 직접 체감했다. 아무리 좋은 팀원을 모아도 그들의 의견과 마음을 하나로 모으지 못하면 좋은 결과를 낼 수 없다. 또한 인생에서 실패, 고난, 좌절은 피할 수 없는 일이다. 이때 시련을 마주하고 절망만 하는 것이 아니라, 딛고 일어서야 어떤 일이든 꾸준히 이어 나갈 수 있다.

부드럽지만 강한
리더, 클라우디오 아바도

나는 '부드러운 카리스마'라는 말을 들으면 '조용한 혁명가' 클라우디오 아바도가 떠오른다. 거장이라는 의미의 마에스트로Maestro, 검정 턱시도와 날카로운 지휘봉으로 대변되는 지휘자의 강렬한 이미지는 독재자를 연상시킨다. 카리스마를 위시한 권위와 일방적 소통은 필수 불가분의 관계처럼 보이기도 한다. 그러나 독재자의 이미지와는 거리가 먼, 심지어 마에스트로라는 호칭마저 거부했던 지휘자가 바로 클라우디오 아바도다.

이탈리아 출신의 스타 지휘자 아바도가 카라얀의 후임으로 베를린 필의 음악감독이자 지휘자로 취임했을 때 가장 먼저 바꾼 것이 바로 호칭이다. 그는 단원들에게 자신을 '마에스트로'나 '선생님'이란 호칭 대신 동등한 관계의 친구나 동료처럼 '클라우디오'라는 이름으로 불러주길 요구했다. 권위를 싫어했던 그의 태도는 아주 작은 부분에서부터 차이가 났다. 그는 연주장에 들어설 때조차 지휘봉을 휘두르며 위풍당당하게 입장하는 법이 없었다. 자칫 권력의 상징처럼 보일 수 있는 지휘봉을 늘 잘 보이지 않도록 겸손하게 말아 쥐고 무대에 올랐다.

리허설에서는 불호령이나 짜증 섞인 지시는 물론 '좀 더 작게' '좀 더 빨리'라는 일상적인 지시조차 하지 않았다. 그저 "다른 파트의 소리를 들으라"라는 온화한 권유만 있었다. 서로에게 귀 기울이며 자발적인 변화를 끌어내는 존중의 하모니, '듣는 하모니'가 그의 음악적 철학의 근본이었기 때문이다.

아바도는 단원들에게 구성이나 템포에 대해서도 늘 묻고 소통했다. 그는 음악이 세상을 평화롭게 바꿀 수 있다는 신념으로 유럽연합 청소년관현악단과 구스타프 말러 청소년관현악단을 창설했고, 베네수엘라의 저소득층 청소년 오케스트라인 '엘 시스테마'에 많은 관심을 가지고 지원을 아끼지 않았다. 말년에 이르러 위암과 투병하였으나 다시 일어나 기적처럼 루체른 오케스트라를 이끌었다. 그리고 2014년 1월 20일 조용한 혁명가 아바도는 세상을 떠났다.

그로부터 일주일 뒤, 세계적인 오페라하우스인 이탈리아 밀라노의 라 스칼라의 주변에는 수많은 인파가 몰려들었다. 이유는 클라우디오 아바도의 마지막 가는 길, 운구 행렬을 배웅하기 위해서였다.

라 스칼라 극장에서는 모든 출입문은 활짝 열어 둔 채 오직 아바도만을 위한 고별 연주를 준비하고 있었다. 수많은 인파가 극장 밖의 광장에서 그를 배웅하는 고별 연주회를 지켜보았다. 이렇게 라 스칼라와 밀라노의 시민들은 감사와 존경의 마음을 담아 아바도의 마지막 가는 길을 배웅했고, 이때 연주된 곡이 바로 〈영웅〉의 2악장 '장송 행진곡'이었다.

유서가 각서로
변하기까지

1802년, 서른두 살 베토벤의 귓병은 이전보다 더 악화되었다. 스물일곱 살부터 조금씩 나빠지던 청력은 이제 더 이상 고음부를 들을 수 없는 지경까지 이르렀다. 그의 주치의는 개선의 여지가 없으니 당분간 한적한 교외에서 요양을 하라고 권했다.

베토벤은 의사의 권고를 받아들여 하일리겐슈타트라는 작고 조용한 도시로 이주한다. 그런데 이곳에서조차 병세는 호전되지 않았다. 오히려 베토벤은 말수까지 점점 줄어들었고 대인기피증까지 생겼다. 절망의 끝자락에 선 베토벤은 이윽고 두 동생, 카스파와 요한에게 '하일리겐슈타트의 유서'를 남긴다.

나는 사람들에게 "나는 귀머거리니 더 크게 말해주시오"라고 말할 수 없었다. 아, 남들보다 더 완전해야 할 내 청각이 이렇게 망가졌다는 사실을 어떻게 인정할 수 있단 말인가.

이 대목은 청력 상실로, 또 세상과 사람들과의 단절로 베토벤이 얼마나 고통스러운 나날을 보냈는지를 짐작하게 한다. 그러나 괴로움의 호소로 시작하는 이 유서는 이내 삶에 대한 의지를 다짐하는 각서로 반전한다.

> 나를 붙드는 것은 예술, 오직 예술뿐이었다. … 나의 예술적인 재능을 모두 드러내기 전에는 '죽음'이 천천히 다가왔으면 좋겠다. … 죽음이여 올 테면 와 보라. 나는 용감하게 그대를 맞이할 것이다.

이 유서를 기점으로 베토벤은 사형 선고와도 같았던 난청을 극복하고 불굴의 의지로 다시금 창작열을 불태우기 시작한다. 이때부터 10년간 베토벤은 무수히 많은 걸작을 쏟아냈는데, 노벨문학상 수상자이자 베토벤의 전기 작가인 로맹 롤랑은 이 시기를 일컬어 '걸작의 숲'이라고 명명했다. 이 걸작의 숲을 여는 첫 작품이 바로 〈영웅〉이다.

스승이었던 네페에게 계몽주의 사상을 배운 베토벤은 열다섯 살 때부터 늘 지독한 공화주의자였다. 나폴레옹이야말로 이 부당한 신분제와 정의롭지 못한 억압, 봉건 체제를 무너뜨리고 비탄에 빠진 민중들을 민주주의 사회로 이끌고 나아갈 진정한 영웅이라고 여겼다.

자신보다 한 살 많은 영웅, 나폴레옹에게 경의를 표하고 싶었던 베토벤은 교향곡을 작곡하기로 결심한다. 1802년 시작한 작곡은 1804년 봄에 완성되었다. 베토벤은 대사관을 통해 나폴레옹에게

곡을 전달하길 원했고, 악보의 표지에 '보나파르트Bonaparte'라는 나폴레옹의 성을 써 그에게 헌정하기 위한 작품임을 드러냈다. 그런데 1804년 나폴레옹이 스스로 황제에 즉위하며 프랑스 정권을 장악했다. 이에 분개한 베토벤은 "그도 다른 사람들과 다르지 않은 그저 그런 인간이었군"이란 말과 함께 나폴레옹의 이름이 적혀 있던 악보의 표지를 찢어버렸다.

베토벤은 작품의 제목을 원래 계획했던 '보나파르트' 대신 '신포니아 에로이카: 한 영웅을 추모하며'로 수정하였다. 영웅이라는 말을 보고 나폴레옹에게 헌정하기 위한 작품이라고 해석해선 안 된다. 오히려 죽음보다 더 큰 고난을 넘어 승리를 향해 나아갔던 베토벤 그 자신, 더 나아가 베토벤이 진정한 의미의 영웅이라고 믿었던, 이웃을 위해 희생하고 헌신하는 모든 민중을 위한 작품이라고 해석하는 것이 좋겠다.

'악성' 베토벤, '온화한 카리스마' 아바도 이 위대한 두 음악가에겐 공통점이 있다. 베토벤은 지금은 위대한 작곡가라고 입을 모아 칭송하지만 당시엔 '너무 길다', '불협화음은 폭력적이기까지 하다'라는 비난에 시달려야만 했다. 아바도 역시 마찬가지였다. 온화한 카리스마라 추켜세우던 단원들은 그의 이마에 '우유부단한 지휘자'라는 주홍글씨를 새기기도 했다. 〈영웅〉의 2악장 '장송 교향곡'을 두고 "조각조각 헐벗고 홀로 되고 부서지고"라고 은유한 베를리오즈의 말처럼 두 사람은 스스로 방패가 되어 쏟아지는 화살을 마다하지 않았다. 하지만 그 쓰러짐은 무의미한 소멸이 아닌 희생을 통한 파괴, 파괴를 통한 선함과 정의, 가장 밝게 빛나는 창조물로 재탄생했다.

들으면서 읽는 베토벤

교향곡 3번 내림마장조, Op.55, 〈영웅〉
지휘: 크리스티안 틸레만, 오케스트라: 빈 필하모닉

1802년에 작곡하기 시작하여 1804년 봄에 완성, 1805년 빈에서 초연되었다. 총 4악장으로 이루어져 있으며 베토벤의 혁신적인 중기의 시작을 알리는 걸작으로 〈운명〉, 〈합창〉과 더불어 베토벤 교향곡 중 최고의 걸작으로 평가받는다. 당대의 교향곡에 비해 2배나 길어진 50분에 달하는 작품의 규모와 서사적 플롯 등 베토벤의 실험 정신과 예술가로서의 대담성을 엿볼 수 있다. 2016년 영국 'BBC Music Magazine'에서 전 세계 저명한 지휘자 151명을 대상으로 '역사상 가장 위대한 교향곡은 무엇인가'냐고 물은 결과 2위인 베토벤의 〈합창〉보다 더 많은 표를 받아 1위로 꼽히기도 했다.

• 1악장: 알레그로 콘 브리오 열정을 가지고 빠르게

영웅의 등장을 알리듯 '제우스의 천둥과 벼락 같다'고 비유되는 외마디로 두 번 내려치는 강력한 서주로 시작한다. 이어 궁핍과 비통에 잠긴 민중을 연상시키는 첼로가 연주되면, 바이올린이 등장해 활기를 더하며 악상을 전개해 나간다. 그 뒤로 민속적이고 서정적인 클라리넷이 등장하고 이에 현악기가 가세한다. 이어 등장하는 불안감을 조성하는 반음계와 과격한 소리는 억압과 핍박, 전쟁의 공포를 연상시킨다.

• 2악장: 아다지오 아사이매우 느리게

'장송 행진곡'으로, 현악기에 의한 장중한 주제는 마치 관을 메고 영웅을 배웅하는 민중들의 비통한 걸음걸이를 묘사하는 것 같다. 중간부에 마치 영웅이 반짝 등장하듯 밝은 음형이 나타나지만 이내 다시 어두운 분위기로 마무리된다.

• 3악장: 알레그로 비바체매우 빠르고 생기 있게

스케르초경쾌하고 기지가 있는 기악곡 형식 악장으로 2악장의 침통한 분위기를 단번에 반전시킨다. 가볍고 경쾌한 악상은 장중한 호른의 등장으로 잠시 차분하게 가라앉지만 다시 첫 주제가 재현되고 셋잇단음표가 가세하여 마치 군대의 행진을 연상시키듯 속도감과 긴장감을 증폭시킨다.

• 4악장: 알레그로 몰토매우 빠르게

이 악장의 주된 주제는 베토벤의 작품 '영국풍의 시골 무곡' 선율이다. 피치카토현을 손가락으로 퉁기어 음을 내는 방법에 이어 등장하는 2주제는 평온하고 정적인 느낌을 준다. 음악은 어느새 절정을 향해 치닫고 마지막에는 앞부분에 등장했던 주제가 다시 나오며 힘차게 마무리된다.

조건 없이
나를 믿어 주는 사람

피아노 소나타 21번 다장조, Op.53, 〈발트슈타인〉

앞서 말한 것처럼 천재 음악가의 조건은 타고난 재능, 부모의 지지, 훌륭한 스승이 뒷받침되어야 한다. 그리고 거기에 하나를 더하자면 예술에 대한 사랑과 열정과 더불어 고결한 정신과 높은 안목을 지닌 후원자를 만나는 것이다. 주변 사람들에게 듣는 성공한 사람들의 이야기 속에는 후원자 이야기가 빠지지 않는다. 누군가가 나의 가능성을 보고 나를 믿어 주는 것만으로 막막한 현실을 살아 낼 용기가 생긴다.

베토벤 또한 자신을 믿어 주는 후원자를 많이 만났다. 그중 한 명이 바로 〈발트슈타인〉의 주인공 페르디난트 본 발트슈타인 백작이다.

사랑하는 베토벤, 이제 빈으로 가서 꿈을 펼치게나. 빈은 모차르트의 창조적 정신을 그리워하며 여전히 그의 죽음을 슬피 애도하고 있다네. 천재의 영혼은 잠시 하이든에게 내려앉아 그의 곁에 머물러 있지만, 앞으로 자네는 쉼 없이 노력하여 하이든으로부터 천재의 영혼을 물려받아야만 하네.

발트슈타인이 쓴 편지 내용 중 일부

베토벤 음악의 밑바탕이 된 발트슈타인

두 사람의 인연은 1790년경 독일 본의 독서모임에서 시작된다. 그는 베토벤에게서 음악의 신동, 천재 음악가 모차르트에 비견할 만한 비범한 재능을 발견했다. 발트슈타인이 지지자이자 후원자로서 가장 먼저 한 일은 제대로 된 교육을 받지 못한 베토벤에게 본 대학에서 몇 개의 과목을 청강생의 자격으로 들을 수 있도록 도와준 것이다.

이때 대학에서 베토벤이 무슨 과목을 들었는지에 대한 구체적인 자료는 남아 있지 않지만, 이 시기의 학업이 베토벤에게 훗날 베토벤 예술세계의 바탕이 되어 줄 정신적 사상과 철학, 인문학적 소양을 쌓는 데 큰 도움이 된 것은 너무나도 당연하다. 비록 베토벤의 대학 청강은 오래 이어지지 않았다. 대신 베토벤은 철학과 과학, 문학에 관한 많은 책을 탐독했다.

발트슈타인이 그 다음으로 한 일은 매우 중요한 것으로, 당대 유럽 최고의 음악가였던 '교향곡의 아버지' 하이든에게 베토벤을 소개시켜 주었다. 그는 직접 추천서를 써 주었고 또 빈에서 베토벤이 생활할 수 있도록 장학금을 주선해 주기도 했다. 이는 발트슈타인 자신이 피아니스트이자 뛰어난 안목을 지닌 열렬한 음악 애호가였기에 가능한 일이었다. 리히텐슈타인 가문의 마리아 안나 테레자 공주의 아들이기도 한 그의 사회적 영향력과 정치력 덕분에 모든 일이 일사천리로 순조롭게 진행되었다.

발트슈타인은 베토벤의 음악 인생에 있어 첫 번째 후원자로 베토벤이 예술에 필요한 기본 소양을 쌓을 수 있도록 격려해 준 인물이다. 또 베토벤이 음악의 메카 빈에서 하이든이라는 거장의 곁에서 체계적인 음악을 배워 훗날 날개를 펼 수 있도록 길을 내어 준, 베토벤의 인생과 음악에 있어 가장 중요한 분기점을 만든 인물인 셈이다.

베토벤의 잠재력을
마음껏 표출한 곡

〈발트슈타인〉은 베토벤의 음악 중기 시대에 해당하는 작품으로 〈템페스트〉, 〈열정〉과 함께 베토벤의 중기 피아노 소나타 중 가장 괄목할 만한 작품으로 평가받고 있다. 마치 오케스트라를 방불케 하는 폭발적인 소리와 극적 효과가 돋보이는 작품으로, 대담한 화성과 보다 웅장해진 규모, 기교적인 피아니즘피아노를 연주하는 기법이 등장하여 이전 작품들에 비해 발전한 작곡 기법을 사용하고 있다.

작품의 출판 당시 제목을 '대 소나타'로 붙여 놓았을 만큼 내용과 형식 또 규모 면에 있어 이전과는 다른 차원의 작품을 창작하고자 했던 베토벤의 의도를 엿볼 수 있다. 피아노라는 악기의 잠재력을 극한까지 끌어올린 혁명적인 작품으로, 독일의 비평가 빌헬름 폰 렌츠는 그 가치를 〈영웅〉에 빗대어 '피아노를 위한 에로이카 교향곡'이라고 평한 바 있다. 부제를 베토벤 스스로 정한 것은 아니지만 그에게 헌정된 사실을 기려 널리 '발트슈타인'이란 부제로 불리고 있다.

발트슈타인 백작이 베토벤의 전 생애에 걸쳐 매우 많은 시간을 함께 보내지는 않았다. 훗날 자신의 이름이 붙여진 〈발트슈타인〉이라는 위대한 작품이 완성되었을 때도 그는 빈에 거주하고 있지 않아 직접 헌정받지도 못했다. 그러나 그의 베토벤을 향한 애정과 헌신은 언제나 사려 깊고 묵묵했다. 베토벤에게 금전적인 도움을 주면 혹시 자존심이 강한 베토벤이 빈정이라도 상할까 봐 '선제후께서 하사하신 조그만 선물'이란 이름으로 거짓 포장해 슬며시 건네던 그였다.

만약 발트슈타인이 베토벤을 그저 고급 사교계로 이끌어 두둑

한 연주료로 도움을 주고자 했다면 어땠을까. 훌륭한 연주자, 궁정악장이라는 이름 한 자리는 차지했을지 모르지만, 만약 그랬다면 '인류 최초의 프리랜서 음악가'도 '악성 베토벤'도 〈발트슈타인〉도 존재하지 않았을 것이다.

들으면서 읽는 베토벤

피아노 소나타 21번 다장조, Op.53, 〈발트슈타인〉

피아노: 김선욱

1803년에 작곡에 착수하여 1804년 완성한 곡이다. 작품의 출판
은 그 이듬해인 1805년 5월에 이루어졌으며 그의 열렬한 지지자
이자 후원자인 발트슈타인 백작에게 헌정되었다.

• 1악장: 알레그로 콘 브리오 열정을 가지고 빠르게

나지막하지만 긴장을 잔뜩 머금은 제1주제가 8분음표의 빠른
연타로 제시된다. 이어 교회음악이 연상되는 제2주제가 선명한
대비 효과를 이룬다. 저음부의 화음으로부터 고음부의 강력한 폭
발은 긴장감으로 가득하다.

• 2악장: 아다지오 모데라토

느린 악장으로 1악장과 뒤를 이을 3악장에 비해 간결한 것이
특징이다. 원래의 구상은 이보다 긴 악장이었으나 너무 길다고 판
단하여 새로 작곡하였다. 1악장과 3악장 사이에서 간주곡 역할을
하고 있다.

론도 형식으로, 고도의 테크닉과 함께 풍부한 음악적 상상력이 요구되는 악장이다. 거대한 에너지와 서정성이 극단적인 대비를 이루고, 장엄하고도 숭고한 분위기이지만 천상의 소리를 떠올리게 하는 아름다운 선율이 펼쳐진다. 그러나 곧 빠른 템포로 바뀌어 펼침화음과 트릴의 향연으로 이어진다. 연주는 보다 격정적이고, 마침내 승리의 기쁨으로 가득찬 환희로 끝을 맺는다.

열정은 우리를
움직이게 한다

피아노 소나타 23번 바단조, *Op.57*, 〈열정〉

　미켈란젤로는 넓이가 200평이 넘는 성당 천정에 〈천지창조〉를 그렸다. 4년 동안 오직 그림만 그리며 세월을 보낸 미켈란젤로에게 친구는 "잘 보이지도 않는 구석까지 정성을 다해 그려도, 그것을 누가 알아주겠는가?"라는 질문을 던진다. 그러자 미켈란젤로는 "바로 내 자신이 안다네"라고 답했다.

　내가 최선을 다해 무언가를 하는 이유는 미켈란젤로처럼 내 자신이 될 수도 있고, 사랑하는 가족이 될 수도 있고, 외부에 보이는 내 모습이 될 수도 있다. 그 이유가 무엇인지보다 중요한 것은 한 번이라도 열정적으로 무언가를 한 경험이 있는지이다. 열정은 우리를 더 높은 곳으로 올려 줄 날개를 달아 준다.

베토벤은 일생에 걸쳐 늘 극한의 양가적 감정에 얽매여 살았다. 음악가로서 드높은 이상 뒤엔 그 누구보다 하찮은 청력이 뒤따랐고, 뜨거운 사랑의 소용돌이 한가운데에는 늘 예정된 이별이 자리하고 있었다. 당대 음악계의 가장 높은 봉우리에서 군림했던 순간조차도 죽음과 이별에 대한 고뇌는 그에겐 결코 떨쳐 낼 수 없는 매일의 테마였으리라.

이 극한의 감정을 감내했을 베토벤을 떠올리면 나의 가슴 한편이 옥죄어 오는 기분이다. 가장 하찮은 청력의 음악가가 가장 위대한 음악가로 나아갔듯, 나를 비롯한 우리 모두를 삶의 이중성으로부터 끄집어내 더 높은 곳으로 이끌어 줄 유일의 원동력은 오직 '열정'이 아닐까?

열정적이고 혼란스러운
두 여자와의 사랑

1804년 베토벤의 청력은 점점 나빠지고 있었다. 하지만 오히려 이전보다 한층 파격적이고도 진보적인 음악, 자신만의 독창적인 음악 어법으로 걸작을 쏟아냈다. 이때 베토벤에게 또 다른 한 줄기 빛이 드리웠다. 바로 요제피네 폰 브룬스비크라는 이름의 여인이었다.

시간을 거슬러 5년 전, 스물아홉 살의 베토벤은 헝가리의 귀족 집안인 브룬스비크 가문의 딸이자 자신의 피아노 제자이기도 한 아홉 살 어린 요제피네와 사랑의 단꿈에 젖어 있었다. 하지만 베토벤에게 순탄한 사랑 따윈 한번도 허락된 적 없었다. 역시 이번에도 두 사람 사이엔 결코 가벼이 여길 수 없는 신분의 벽이 가로막고 있었다.

만약 남자인 베토벤이 귀족이었고 요제피네가 평민이었다면 얘기가 다르다. 결혼도 할 수 있었을 것이고 그 사이에서 얻은 자녀들 또한 귀족 신분으로 살 수 있었을 것이다. 하지만 베토벤처럼 남자가 평민인 경우엔 그러지 못했다. 당연히 이런 결혼을 기꺼이 감수할 귀족 여성은 그 어디에도 없었다. 당시 요제피네는 스물일곱 살이나 많은 요제프 폰 다임 백작과의 정략 결혼이 예정되어 있는 상태였다.

하지만 그녀는 5년 만에 다시 베토벤 곁으로 돌아왔다. 그 사이 남편 다임 백작은 폐렴으로 세상을 떠났고, 대신 그녀의 곁엔 네 명의 자녀가 있었다. 하지만 그것은 베토벤에게 아무 문제가 되지 않았다. 그래봐야 베토벤의 나이 고작 서른세 살, 그녀의 나이 스물네 살이었다. 두 사람의 열정은 다시금 불타올라 결혼을 약속했고, 베토벤 인생에 있어 처음으로 약혼을 하게 된다.

하지만 이번에도 평민이라는 신분의 굴레가 베토벤의 발목을 잡았다. 브룬스비크 가문의 입장은 확고했다. 귀족의 피가 흐르는 요제피네와 그녀가 전남편 사이에서 얻은 네 명의 자식들을 한낱 평민인 베토벤에게 맡길 수 없다는 것이 이유였다. 요제피네의 베토벤을 향한 사랑은 순수했지만 한편으로는 연약했다. 그녀는 더 이상 베토벤을 위해 창문을 열어주지 않았다.

이 시기, 베토벤에게 다른 한 여인이 다가와 위로의 손길을 내밀었다. 바로 요제피네의 친언니인 테레제 폰 브룬스비크다. 테레제 역시 요제피네와 함께 베토벤에게 피아노를 배웠고, 연모의 마음을 갖고 있었던 것이다. 하지만 두 사람의 관계는 그리 오래가지 못했다. 둘의 사이가 이성적으로 얼마나 깊은 관계였는지에 대해선 여전히 미지수다. 다만 본인은 베토벤과 결혼을 약속했던 사이었다는 테레제의 일방적인 주장만이 남아 있다.

음악으로 전해 듣는
베토벤의 사랑 이야기

이 시기 두 자매와 베토벤의 관계가 구체적으로 어땠는지는 확실하지 않으나 대부분의 음악학자들은 베토벤이 일정 기간 양다리를 걸쳤을 것으로 추측하고 있다. 이 시기 탄생한 〈열정〉엔 베토벤이 두 여인 사이에서 가졌을 열정과 혼란의 복잡한 마음이 녹아 있을 것이라 말한다. 이를테면 다른 피아노 소나타들에 비해 두드러지게 격정적인 악상이 펼쳐지는 1악장과 3악장은 분명 도도하고 관능미가 넘쳤던 요제피네에 의한 악상일 것이고, 그에 반해 서정적이고 침울한 분위기의 2악장은 차분한 성격의 테레제를 떠올리며 작곡한 것이라는 해석이다.

작품은 불타는 듯한 격렬한 열정을 치밀한 음악 구조 안에서 무서울 만큼 뿜어내고 있다. 베토벤의 전기 작가인 로맹 롤랑은 이 작품을 두고 "화강암 바위에서 타오르는 강렬한 불길"이라고 평한 바 있다. 베토벤 최고의 걸작 중 하나로 평가받고 있는 작품이다.

들으면서 읽는 베토벤

피아노 소나타 23번 바단조, Op.57, 〈열정〉

피아노: 랑랑

1804년에 작곡에 착수해 1805년 완성되었으며 1807년 출판되었다. 작품의 난이도가 상당히 높아 자주 연주되지 못하자 1838년 '두 대의 피아노를 위한 편곡' 버전 피아노 연탄連彈, 네 손용 편곡 버전이 출판되기도 했다. 1803년 파리의 에라르사社가 제공한 그랜드 피아노도 이 곡의 탄생에 중요한 역할을 했다. 발전된 성능의 피아노 덕분에 보다 높고 넓은 음역 및 다양한 음색을 사용할 수 있었다.

• 1악장: 알레그로 아사이 매우 느리게

어둡고 무거운 제1주제는 곧 들이닥칠 폭풍우를 예고하듯 팽팽한 긴장감으로 가득하다. 이어 제1주제와는 대조되는 상냥하고 경쾌한 음악이 나타나지만 곧 폭풍우가 몰아치듯 거센 악상들로 뒤덮인다. 음악은 잠시 차분하게 가라 앉다가 다시 두 개의 주제를 재현한 후 조용하고도 매우 여리게 침잠한다.

• 2악장: 안단테 콘 모토 느리지만 생기 있게

1악장과는 상반되는 우아한 분위기의 주제가 느린 템포로 연주된다. 주제는 변주를 거듭하며 단아하면서도 아름다운 선율들로 펼쳐진다. 그러나 갑자기 등장하는 강력한 타건으로 분위기는 일순 반전되며 음악은 쉼 없이 곧장 3악장으로 진입한다.

• 3악장 알레그로 마 논 트로포 빠르지만 지나치지 않게

론도 형식의 마지막 악장은 베토벤 특유의 격정성으로 가득하다. 지금껏 머금고 있던 모든 열정을 토해내듯 감정적인 질주가 이어진다. 펼침화음으로 연주되는 강렬하고 열정적인 주제는 주변의 모든 공기를 빨아들일 듯 거칠고 무자비하게 휘몰아친다. 그 에너지와 속도가 절정에 도달했을 때 열정의 에너지는 카타르시스를 내뿜으며 거대한 폭발을 맞이한다.

음악은
아는 만큼 들린다

오페라《피델리오》, *Op.72*

음악은 이해하는 것이 아닌 매료되는 것이라고 하지만 오페라 감상에 있어선 약간의 사전 지식이 필요하다. 만약 오페라를 관람하러 간다면 오페라가 액션물인지 멜로물인지 혹은 코미디인지 정도는 미리 파악해야 한다. 그래야 그에 맞는 기대감과 긴장도로 오페라를 관람할 수 있다.

또 오페라는 성악가들이 외국어로 노래하기 때문에 대략의 줄거리 정도는 알고 있어야 한다. 만약 그렇지 않다면 두 시간이 넘는 시간 내내 무대는 고사하고 열심히 모니터 자막만 읽다 끝날 수 있다.

지상에서 펼쳐지는
가장 화려한 유희

오페라Opera는 '작품'을 뜻하는 라틴어 'Opus'의 복수형으로 '작품들', 종합 예술이 망라된 음악극을 의미한다. 아마 클래식 음악 중 가장 인기 많은 장르를 고르라면 성악에선 오페라, 기악 음악에선 교향곡을 꼽을 수 있을 텐데, 두 장르 모두 각각 성악과 기악에 있어 가장 규모가 큰 악곡 형태라 할 수 있다. 백여 대의 오케스트라가 뿜어내는 소리는 여느 장르는 흉내 낼 수 없는 농도 짙은 카타르시스를 자아낸다.

다시 오페라 얘기로 돌아와서 종합예술에 관한 의미를 살펴보자. 우선 오페라엔 극과 노래가 펼쳐지는 내내 반주를 맡을 기악 음악, 오케스트라가 필요하다. 그리고 혼자 노래하는 아리아오페라의 독창부터 두 명이 부르는 듀엣을 비롯한 중창 그리고 군중이 부르는 대규모의 합창까지 모든 성악 구성이 등장한다. 거기에 미술적 요소도 더해진다. 무대의 배경이 되어 줄 무대 미술부터 출연진들이 입을 무대 의상을 위한 디자인 또한 필요하다.

그리고 마지막으로 문학적 요소가 포함되어 있다. 오페라는 오페라의 줄거리가 될 원작 작품이 필요한데, 대부분 소설이나 희곡에서 소재를 가져온다. 그 원작 작품을 토대로 가공되어 대본으로 재탄생되는 것이다. 그리고 최근에는 다양한 조명의 예술적 연출이나 레이저, 미디어 아트 등이 등장하기도 하는데, 이렇듯 그 어떤 예술들과도 결합이 가능한 장르가 바로 오페라다.

베토벤이 만든
단 하나의 오페라

베토벤은 1782년 열한 살에 최초로 작곡한 **드레슬러의 행진곡
주제에 의한 아홉 개의 변주곡, WoO 63**을 필두로 세상을 떠나기
전까지 약 722편의 작품을 남겼다. 작품 수만큼이나 교향곡, 협주
곡, 현악 사중주, 피아노 소나타, 종교 음악, 가곡 등 거의 모든 장
르의 작품들을 두루 작곡했다. 하지만 유독 소홀한 장르가 바로
오페라다. 베토벤은 평생에 걸쳐 겨우 단 한 개의 오페라만을 작
곡했다.

우리는 베토벤의 아버지 요한이 궁정의 테너 가수였고 할아버
지가 베이스 가수 출신의 궁정악장이었다는 사실을 생각해 볼 필
요가 있다. 베토벤은 그 누구보다 노래가 끊이지 않는 가정에서
자랐다. 실제로 그의 작품 목록 중 성악 작품이 40퍼센트의 비중
을 차지하는 것만 보더라도 성악에 대한 애정을 엿볼 수 있다.

그런데 왜 유독, 작곡가의 성악적 아이디어를 가장 큰 캔버스에
그려 낼 수 있는 장르인 오페라를 외면했을까? 아마 오페라는 부
르주아의 음악이었다는 점이 그 이유 중 하나일 것이다. 오페라에
있어선 그 어떤 작곡가라도 결코 대중의 반응을 무시할 수 없고,
동시에 대중의 평가에 가장 쉽게 휘둘리는 장르였다.

베토벤은 부르주아를 위한 음악가가 아니었다. 궁중 음악가라는 안락한 직장을 마다하고 스물다섯 살의 나이에 고된 프리랜서의 길을 선택했던 이유는 '난 부르주아들을 위한 음악을 만들지 않겠다. 규칙과 방식은 내가 정하고 당신들은 그저 듣기만 하면 된다'라는 선언과도 다름없는 것이었다.

베토벤의 음악에 있어 고상함과 도덕성은 필수 요소나 다름없었다. 하지만 당시 오페라 시장은 통속적이고 자극적인 또는 가볍고 유쾌한 소재를 요구했다. 베토벤은 그에 편승하고 싶지 않았던 것이다. 예를 들면 '파트너 체인지', 두 남자가 자신들의 애인이 과연 변심할 것인가를 두고 내기를 벌여, 서로의 애인을 유혹하는 내용의 모차르트의 오페라 《코지 판 투테》를 베토벤은 경멸했다. 오페라 《돈 조반니》처럼 부도덕한 내용의 오페라를 발표했을 때에도 역시 그에 대한 실망감을 숨기지 않았다.

1803년 빈 안 데어 빈 극장의 지배인인 브라운 남작은 베토벤에게 대본 한 권을 들이밀며 새로운 오페라 작곡을 의뢰한다. 오페라 대본집은 장 니콜라 부이의 프랑스 희곡 《레오노레 또는 부부애》를 바탕으로 한 것으로 궁정 극장 비서였던 요제프 존라이트너가 독일어로 번역해 대본화 작업을 마친 것이었다. 줄거리는 당시 유행하던 가볍고 저속한 것들과 구별되는, 사랑과 용기, 투쟁을 통한 자유의 성취에 관한 내용이었다.

베토벤은 마침내 인생에 있어 첫 번째 오페라를 작곡하기로 결심한다. '걸작의 숲'이라 이를 만큼 왕성한 창작력을 뿜어내던 시기, 베토벤은 자신의 고결한 음악으로 오페라 하우스에 모여든 퇴락한 빈 시민들을 정화시킬 수 있을 것이라 확신했음이 분명하다.

사실 우리나라에서 오페라 《피델리오》는 거의 공연되지 않는다. 다소 무거운 주제의 내용과 극적 긴장감이 적은 것이 그 이유일 테다. 하지만 다행스러운 건 이 오페라의 서곡만큼은 별도로 오케스트라 콘서트에서 자주 연주되는 단골 레퍼토리이다. 오페라의 서곡은 본격적인 오페라의 시작에 앞서 전체적인 내용을 암시하거나 오페라의 가장 인상적인 선율을 연주하는 기악곡이다. 당연히 하나의 오페라엔 하나의 서곡이 들어 있다.

그런데 재밌는 사실은 이 오페라엔 무려 네 개의 서곡이 있다는 것이다. 1805년 초연 때 쓰여진 **레오노레 서곡 2번**, 1806년 개정판인 제2판본의 공연을 위해 새로 다시 작곡한 **레오노레 서곡 3번**을 포함해 1807년 프라하에서의 공연을 위해서도 **레오노레 서곡 1번**을 썼지만 당시 공연이 무산되어 연주되진 못했다. 그리고 마지막 1814년의 제3판본을 위해 새로 쓴 것이 **피델리오 서곡**이다. 완벽주의의 베토벤은 오페라의 완성도를 높이기 위해 매 개정판마다 새로운 서곡을 작곡한 셈이다.

오페라의 제목이 '피델리오'임에도 **피델리오 서곡** 외의 나머지 작품의 이름을 '레오노레'라고 한 데에는 이유가 있다. 초연 당시 베토벤은 오페라의 제목을 '레오노레'로 하고 싶었으나 유사한 제목의 오페라 작품이 이미 많다는 이유로 끝내 '피델리오'로 변경하게 되었다. '레오노레'라는 제목에 애착이 많았던 베토벤은 서곡만에서라도 그 마음을 표한한 것이다.

이 정도의 기본지식이 준비되었다면 저마다의 취향대로 오페라를 즐기면 된다. 노랫소리, 오케스트라의 사운드, 지휘자의 멋진 지휘나 조명, 의상이어도 좋다. 오페라는 나의 취향을 발견하는 시간이다.

들으면서 읽는 베토벤

오페라 《피델리오》, Op. 72 중 아리아
'신이시여, 이곳은 어찌하여 이다지도 어두운가요'

테너: 요나 카우프만

작곡은 곧바로 착수되어 1805년 가을에 완성되었고 11월 20일 빈의 안 데어 극장에서 초연되었다. 전체 2막으로 구성된 오페라의 내용은 부부간의 정절을 포함해 인간의 존엄성과 자유, 사랑을 노래하는 작품이다. 실제 프랑스 혁명 당시 파리에서 있었던 실화를 바탕으로 한 내용으로, 무고하게 수감된 남편 플로레스탄을 구출하기 위해 아내 레오노레가 남장을 하고 감옥에 잠입한다는 이야기이다. 오페라의 아리아와 듀엣은 등장인물의 감정 및 갈등을 효과적으로 전달한다. 대강의 줄거리는 다음과 같다.

·1막

어느 교도소의 형무소장은 자신의 부정을 고발한 플로레스탄에게 앙심을 품고 그를 납치해 벌써 2년째 불법 구금을 시키고 있었다. 이미 플로레스탄이 죽었다는 소문이 퍼졌지만 그의 아내 레오노레는 희망의 끈을 놓지 않는다. 그녀는 스스로 형무소에 잠입해 남편을 구출하기로 결심한다. 그녀는 남장으로 변신하고 '피델리오'라는 가명을 써 형무소의 간수의 보조로 위장 취업한다. 간수의 딸은 피델리오가 남장을 한 부인인지도 모른 채 사랑에 빠지고 간수 역시 성실한 피델리오를 마음에 들어한다. 피델리오는 간수를 이용해 지하 감옥의 위치를 파악한다.

이때 형무소장 피차로는 총리대신이 형무소로 암행시찰을 나온다는 전갈을 받는다. 자신이 불법 구금을 하고 있다는 사실이 발각될까 두려운 형무소장은 총리대신이 도착하기 전 서둘러 플로레스탄을 처형하기로 결정한다. 이때 형무소장은 아리아 **아, 얼마나 좋은 기회인가!**를 부르고 간수에게 처형 뒤에 플로레스탄을 묻을 땅을 팔 것을 명령한다. 이 모습을 멀리서 지켜 본 레오노레는 불길한 예감을 직시하고 아리아 **악당들아! 급히 어디를 가는 게냐?**를 노래한다. 레오노레는 한시라도 빨리 남편을 구출하기 위해 꾀를 낸다.

레오노레는 분명히 모든 죄수들이 뜰 밖으로 나와 산책할 수 있도록 간수를 설득한다. 마침내 모든 죄수들이 밖으로 나와 그 유명한 합창곡 **오! 얼마나 즐거운가**를 부르며 잠깐의 자유시간을 만끽한다. 하지만 피차로가 들이닥치고 죄수들은 감방에 다시 잡혀 들어간다.

· 2막

지하 감방 쇠사슬에 묶여 있는 플로레스탄이 아리아 **신이시여,**

이곳은 어찌하여 이다지도 어두운가요와 내 인생에 봄날에를 부른다. 그리곤 천사의 모습을 한 레오노레의 환영을 본 플로레스탄은 이내 혼절한다. 이때 플로레스탄을 묻을 땅을 파기 위해 간수와 레오노레가 등장하는데 레오노레는 멀리서 들려 온 목소리가 자신의 남편의 것임을 확신한다.

형무소장이 등장해 플로레스탄을 처형하려는 순간 레오노레가 그의 앞을 가로 막고 "죽이려면 그의 아내부터 먼저 죽이시오!"라고 외치며 저지한다. 이때 마침 총리대신이 도착했다는 전갈을 듣고 형무소장은 처형을 미룬 채 총리대신을 맞이하기 위해 황급히 자리를 떠난다. 마침내 재회한 두 사람은 기쁨의 이중창을 부른다.

형무소장이 총리대신을 맞이하고 있는데 양심의 가책을 느껴온 간수가 총리대신에게 다가가 형무소장이 플로레스탄을 부당하게 가둬두고 있다는 사실을 고발한다. 알고 보니 플로레스탄과 총리대신은 오랜 친구 사이였다. 총리대신은 플로레스탄을 비롯한 모든 양심수들을 즉시 풀어주고 모든 군중들은 남편을 구해낸 용감한 여인 레오노레의 용기와 위대한 사랑을 찬양한다.

첫인상이
결정되는 순간

레오노레 서곡 3번 다장조, *Op.72b*

공연에서 연주자가 연주하는 첫 곡, 첫 소절은 그 연주자의 명함과도 같다. 관객들에겐 첫 곡이 시작되는 그 몇 초 동안 연주자에 대한 첫인상이 결정되기 때문이다. 마치 '3초의 법칙'처럼 낯선 이에게 받는 첫인상과도 같다.

첫 소절을 잘 연주하려면 연주의 완성도는 물론이고, 연주자는 무대에 등장하는 순간의 태도에도 신경을 써야 한다. 관객들에게 이가 드러나지 않을 정도의 옅은 미소로 눈인사를 건네며 가슴을 활짝 펴고 당당히 성큼성큼 걷는 것이 좋다. 무대의 정중앙, 본인이 연주해야 할 위치를 찾느라 허둥지둥 입장하면 그 연주자는 관객들에게 어딘가 미숙한 인상을 건네게 된다.

그렇기 때문에 연주자들은 리허설을 할 때 바닥을 보지 않고 입장하는 연습을 하기도 한다. 입장하는 곳부터 무대의 정중앙까지 거리가 얼마인지, 자신의 보폭으로 몇 걸음이 필요한지 미리 계산해 두는 것이다. 그 밖에도 메이크업이나 의상 확인은 기본이고 불필요한 시선을 빼앗기지 않기 위해 계획되어 있지 않은 액세서리를 빼는 것도 결코 잊어선 안 된다.

좀 과하다 싶을 수도 있지만 그래야만 한다. 첫 곡, 첫 이미지를 망치면 공연 내내 아무리 노력해도 공연장의 어수선한 분위기를 바꾸기란 상당히 어렵기 때문이다. 첫 곡, 첫 소절에서 작품의 이미지가 결정되고 관객들은 그 맥락 안에서 공연에 몰입하고 감동을 받는다.

공연의 문은
서곡이 연다

클래식 음악 중엔 공연의 시작을 알리는 역할을 하는 악곡 형식이 있다. 프랑스어 '열다ouverture'에 어원을 둔, 흔히 '오버추어overture'라고도 불리는 '서곡'이다. 서곡은 흔히 오페라, 발레, 연극 등에 동반되는 부수 음악의 도입부에 등장해 공연의 문을 연다. 서곡은 공연 전 어수선한 관람객들의 주의를 환기시킬 뿐만 아니라 작품의 주요 선율을 연주함으로써 이후 펼쳐질 전체 음악의 성격이나 내용을 암시하기도 한다.

그렇다고 해서 서곡이 공연의 안내자 역할만 하는 것은 아니다. 서곡의 악곡 형식은 내용이나 형식에서 그 자체만으로도 완결성을 띠기 때문에 후에 이어지는 음악과는 별개로 독립적인 작품으로도 인정받는다. 오케스트라 공연에선 작품의 서곡만을 발췌해 연주되는 경우가 많은데, 그 대표적인 작품이 바로 베토벤의 **레오노레 서곡 3번**이다.

레오노레 서곡은 앞서 설명했듯이 오페라 《피델리오》를 위해 작곡한 네 개의 서곡 중 하나다. 오늘날 오페라에서 연주되는 서곡은 마지막 버전인 **피델리오 서곡**이고, 역시 걸작인 **레오노레 서곡 3번**도 버려두기 아깝다고 여겨 관례처럼 오페라의 2막 2장이 시작되기 전 간주곡처럼 연주되고 있다. 다시 말하자면 오페라 한 편에서 두 곡의 서곡을 듣게 되는 셈이다.

서곡으로 공연의 문을 열었다면 그 문은 누가 어떻게 닫아야 할까? 바로 관객들의 열렬한 박수와 환호다. 공연장에서 "브라보!"라고 외치는 관객을 본 적 있을 것이다. 브라보Bravo는 '훌륭하다', '잘한다'라는 의미의 이탈리아어로, 우리나라뿐만 아니라 전 세계의 공연장에서 연주자들을 향한 찬사의 언어로 관례처럼 쓰이고 있다.

그렇다면 무조건 "브라보!"라고 외치면 되는 걸까? 사실 만약 무대 위의 연주자가 남성 한 명일 경우는 브라보Bravo, 여성 한 명일 경우엔 브라바Brava라고 외치면 된다. 그리고 다수의 경우, 남녀 혼성이거나 두 명 이상의 남성일 경우 브라비Bravi, 두 명 이상의 여성일 경우엔 브라베Brave라고 외치면 된다. 하지만 보편적으로 어느 나라에서든 통칭 '브라보'라고 외친다. 나 역시 그렇다. 하지만 알고 있는 편이 좋다. 그래야 바른 표현을 쓰는 사람을 보았을 때 '저 사람은 왜 이상하게 브라보를 외치는 거지?'라는 오해를 하지 않을 테니 말이다.

들으면서 읽는 베토벤

레오노레 서곡 3번 다장조, Op.72b
지휘: 정명훈, 오케스트라: 라 스칼라 필하모닉

레오노레 서곡 3번 다장조, Op.72b은 레오노레 서곡 중 최고의 예술성을 지닌 작품으로 오페라뿐만 아니라 오케스트라 콘서트에서도 독립적으로 자주 연주되는 곡이다. 소나타 형식에 바탕을 두고 작곡되었으며 연주길이가 15분 정도로 긴 편에 속한다.

서주는 총주에 의해 느린 템포의 G음이 연주되고 현악기과 목관 악기가 흐느끼듯 하행하는 선율을 연주한다. 이어 목관악기에 의해 오페라 제2막 1장의 시작 부분 플로레스탄의 아리아 **인생의 봄날에**의 선율이 뒤따르고 플루트와 바이올린이 가세한다.

주부에 들어가면 바이올린과 첼로에 의해 제1주제가 매우 여리게 시작되고 곧 절정을 향해 고조된다. 그리고 그와 대조되는 플루트와 바이올린의 서정적인 연주가 이어진다. 바이올린이 지하 감옥으로 향하듯 하행의 선율을 그리고, 트럼펫의 팡파르가 울리며 반전을 예고한다. 곡은 점차 자유의 빛을 묘사하듯 밝게 발전해 나아가다 화려한 재현부로 들어서 화려하게 몰아치며 마침내 환희에 가득 찬 승리로 대미를 장식한다.

때로는 단순하게,
때로는 복잡하게

현악사중주 7-9번, *Op.59*, 〈라주모프스키〉

한 방송에서 클래식 음악에 관해 진행자와 일대일 문답 형식으로 이야기를 나눈 경험이 있다. 진행자는 평소 내가 팬이기도 한 이진우 기자였는데, 의미 없는 이야기가 아닌 꽤나 공격적이고 진지한 질문으로 구성되어 있었다. 우선 기억나는 질문은 "세상엔 이토록 많은 음악이 존재하는데 왜 하필 클래식 음악인가?"라는 질문이었다. 사실 나는 클래식 음악은 다른 음악과 비교 불가한 절대 우위의 음악이니 꼭 클래식 음악만 들어야 한다고 주장하는 사람은 아니다.

클래식 음악은 짧게는 100년, 길게는 400년이라는 긴 시간 동안 아주 고른 채에 걸러져 살아남은 작품이다. 그런 작품을 비범한 재능을 지닌 음악가들이 평생에 걸쳐 일궈 낸 총체적 미적 감각으로 창조한 산물이다. 이런 인류의 유산을 모르고 살아가는 것이 너무나 안타깝고 억울한 일이라는 게 나의 생각이다.

"미술 작품은 눈에 보이기 때문에 어느 정도 직관적인 이해가 가능한데 클래식 음악은 그렇지 않다. 너무 어렵다"라는 말이 이어졌다. 나는 클래식 음악이 분명 도도한 면이 있다고 생각한다. 세상에는 단순하고 쉬운 사람도 있고 복잡하고 어려운 사람도 있는 것처럼 음악 역시 그렇다.

때로는 짧고 직관적인 음악이, 때로는 쉽게 곁을 내주지 않는 도도한 음악이 끌리는 순간이 있다. 그 대상이 나에게 매력적이라면 계속 문을 두드릴 것이고 그렇지 않다면 다른 음악을 찾아 들으면 그만이다. 하지만 세상에는 평생을 다해도 다 경험할 수 없을 만큼의 무수히 많은 클래식 음악이 존재한다. 마치 절대로 마음을 주지 않을 것 같은 사람도 시간을 두고 자주 만나다 보면 어느새 가까워질 때가 있는 것처럼 말이다. 그저 액세서리를 하듯이 순간 나에게 어울릴 만한 음악을 찾으면 된다.

"당신을 위한 곡이 아니라 미래의 청중을 위한 곡이오"

1805년 말, 빈의 합스부르크 궁정에 머무르고 있던 라주모프스키 백작은 베토벤에게 새로운 궁전이 완공되는 날 축하연에서 연주할 현악 사중주 작품을 요청했다. 직접 현악 사중주단에서 제2 바이올린을 연주할 만큼 열렬한 음악 애호가이자 또 베토벤의 후원자이기도 했던 백작의 의뢰를 베토벤은 흔쾌히 받아들였다.

창작의 샘이 폭발하던 이 시기, 베토벤은 총 세 편의 현악 사중주를 작곡하는데, 첫 번째 작품은 그 이듬해인 1806년 7월에 완성하였고 나머지 두 작품은 같은 해 9월에 완성하였다. 하지만 궁전의 완공이 예정보다 지연되자 라주모프스키 백작은 본래의 목적과는 다르게 그 음악을 빈의 다른 장소에서 공연하기로 결정했다. 아마 백작은 베토벤의 신작 작품을 한시라도 빨리 듣고 싶었던 것 같다.

1807년 2월, 마침내 〈라주모프스키〉는 이그나츠 슈판치히가 이끄는 현악 사중주단의 연주로 초연된다. 연주가 시작된 지 얼마 지나지 않아 관객들은 하나둘 웅성거리기 시작했고, 심지어 객석에선 키득거리며 실소를 터뜨리는 이들도 있었다.

베토벤의 제자이자 오늘날까지 쓰이고 있는 피아노 교본의 저자로 유명한 카를 체르니는 당시 상황을 이렇게 기록했다.

이그나츠 슈판치가 이끄는 현악 사중주단이 베토벤 선생님의 신작의 첫 곡을 연주하자 관객들은 하나둘 웃기 시작했다. 그들이 베토벤 선생님이 장난을 치는 것이라 생각할 만큼, 지금껏 알고 있던 현악 사중주와는 너무나도 다른 것이었기 때문이다.

이런 반응의 이유는 간단하다. 너무 진지하고, 길고, 어려웠기 때문이다. 동시대의 선배 작곡가 모차르트나 하이든에 비교해도 그랬고, 베토벤의 전작 현악 사중주에 비해서도 그랬다. 우선 작품의 길이만 놓고 보더라도 당시의 현악 사중주가 보통 20분에서 25분 남짓한 길이인 것에 비해 이 작품은 40분을 훌쩍 넘는다.

당시의 현악 사중주, 실내악은 즐거운 음악이었다. 주로 상류층의 살롱에서 전문 연주자들 또는 아마추어 음악가들이 함께 즐기기 위한 목적으로 연주하는 음악 장르였다. 더구나 이 작품은 궁전의 완공을 축하할 목적으로 작곡되었던 곡이니, 샴페인을 기울이며 축하 인사를 나눌 수 있는 경쾌한 음악을 기대했던 것은 당연하다. 그런데 긴장감을 고조시키는 진지한 음악이 펼쳐지자 관객들과 연주자들 모두 당황할 수밖에 없었다. 마치 예능을 기대하고 있었는데 시사 교양적 성격의 프로그램이 나온 것과 같은 이치다.

당시 초연을 했던 바이올리니스트는 당혹스러움을 감추지 못하고 베토벤에게 "당신 혹시 이 작품을 건성으로 만든 것 아니오?"라고 물었다. 그러자 베토벤은 특유의 단호하고도 냉소적인 말투로 "이 작품은 미래를 위한 음악이지 당신들을 위해 만든 곡이 아니오"라고 답했다.

현악 사중주의
새로운 역사를 쓰다

그렇다면 과연 〈라주모프스키〉는 베토벤의 기이함과 배려심 없는 괴팍함의 산물이었을까? 전혀 그렇지 않다. 베토벤과 라주모프스키와의 관계는 각별했다. 상당한 수준의 바이올리니스트이자 그 누구보다 고상한 취향의 의뢰자 라주모프스키 백작을 위해 베토벤은 수준 있는 작품을 만들고 싶었을 것이다.

초연을 맡게 될 현악 사중주단 역시 영향을 미쳤을 것으로 보인다. 사중주단의 리더이자 제1바이올리니스트 이그나츠 슈판치히는 훌륭한 바이올리니스트일 뿐만 아니라 베토벤의 많은 작품들을 초연한 그의 친구였다. 아마도 이그나츠는 이 곡을 리허설하며 "이 곡은 너무 어려운 것 같은데, 제대로 쓴 것 맞아?"라며 장난스럽게 투덜거렸을 것이고, 베토벤은 "내가 당신 사정까지 봐 가며 작곡해야 하나? 지금 내가 쓰고 있는 작품이 미래에는 반드시 인정받을 테니"라며 너스레를 떨었을 수도 있다.

"미친 관객이 미친 프로를 만든다"라는 말처럼 자신의 음악을 이해해 줄 라주모프스키 백작과 악보 속 예술을 밖으로 끌어내 훌륭히 연주해 줄 연주자가 있었기에 18세기 전통의 한계를 넘어선 한 단계 진보한 음악이 탄생될 수 있었다.

이 작품이 갖는 음악사적 의미는 실로 크다. 이후 더 이상 현악 사중주는 즐기는 음악이 아닌 몰입의 음악이 되었고 여흥을 위한 음악이 아닌 감상을 위한 음악으로 탈바꿈했다. 이 곡이 나오기 전에는 음악 좀 한다는 아마추어 음악가들이 그때그때 필요에 의해 모여 팀을 이뤘지만, 이젠 진지하고 길고 어려운 현악 사중주곡을 연주할 전문 연주단이 필요해졌다. 그 결과 라주모프스키 백작은 이그나츠 슈판치히를 리더로 한 사상 최초의 현악 사중주단 '이그나츠 슈판치히 현악 사중주단'을 결성하였다.

최근에는 국내 연주자들도 다양한 형태의 새로운 무대들을 많이 만들어 내고 있다. 굳이 공연장이 아니더라도 한옥 마을의 고택에서 활을 켜기도 하고 퇴근 시간 지하철 역사를 찾아 노래를 부르기도 한다. 검정 양복을 벗고 관객들의 곁으로 다가가 그들의 목소리에 귀를 기울이며 호흡을 함께 하려는 노력들을 게을리 하지 않는다.

음악가의 예술적 성취는 정직하고 정당한 재현에만 국한되는 것은 아니다. 관객과 시대의 요구가 무엇인지를 인식하고 작품에 담아내야 하고 동시대를 살아가는 이웃들과 함께 나눌 수 있어야 한다. 이러한 요구에 대한 응답은 자칫 모범적이지 못한 괴상한 것이라거나 관심을 구걸하는 상업주의라고 비난을 받기도 한다.

하지만 앞서 말했듯 쉬운 것도 필요하고 어려운 것도 필요하다. 신전의 횃불을 지키는 사제가 필요하듯 광장으로 나아가 설파

할 선구자 또한 소중하다. 그리고 그들에게 기대감이라는 자양분을 공급하며 함께 예술적 공간을 채워 나갈 '미친 아마추어, 미친 관객' 또한 무엇보다 소중하다.

들으면서 읽는 베토벤

현악 사중주 7-9번, Op.59, 〈라주모프스키〉
알반 베르크 현악 사중주단

현악 사중주 7-9번은 즉, Op.93의 제1번, 제2번, 제3번을 의미한다. 세 개의 현악 사중주 중, 해당 큐알코드에 해당하는 **현악 사중주 9번, Op.59-3**에 대해 설명하고자 한다.

•1악장: 안단테 콘 모토, 알레그로 비바체

느리지만 강한 에너지가 느껴지는 화성적인 도입부로 1악장의 문을 연다. 무겁고 심각한 분위기를 뚫고 제1바이올린의 경쾌한 주제의 패시지선율음의 사이를 높거나 낮은 방향으로 급하게 진행하는 부분가 등장하는데, 이 주제는 악장 전체를 통해 등장하고 마지막에 역시 등장해 힘차게 악장을 마무리한다.

•2악장: 안단테 콘 모토, 콰지 알레그레토

서정적이고 사색적인 악장이다. 첼로의 피치카토 반주 위에 서정적이고도 조금은 우울한 선율이 연주된다.

• 3악장: 그라치오소

미뉴에트 악장으로 특별히 '우아하게' 연주해야 한다. 화성법과 대위법에 있어 모두 폭 넓고 풍요롭게 구사하고 있으며 동시에 마지막 4악장으로 가기 위한 다리 같은 역할을 하는 악장이다.

• 4악장: 알레그로 몰토

작품 전체를 마무리하는 악장이며, 작품 전체를 통틀어 예술적으로나 기교적으로 가장 뛰어난 악장이라 평가받고 있다. 비올라에 의해 제시되는 주제선율은 제2바이올린과 첼로, 제1바이올린 순으로 이어지며 모방되는데, 베토벤의 밀도 높은 음악을 엿볼 수 있다. 재현부에 이르면 푸가에 대선율이 더해져 절정을 향해 치닫고 마침내 벅찬 승리를 이루며 대미를 장식한다.

4악장

고난에
굴복하지
않는 법

강인한 의지가 느껴지는 곡

Ludwig van Beethoven

집요함과 불굴의 의지로
만든 걸작

교향곡 5번 다단조, *Op.67*, 〈운명〉

    베토벤의 모든 음악을 좋아하지만 나는 특히 〈운명〉에 깊은 몰입과 밀도 높은 감동을 받는다. "빠바바밤" 하며 천장이 무너져 내리는, 억장이 무너지는 듯한 서주는 언제나 나의 가장 큰 응어리를 공명시킨다.

    나는 베토벤이 "나는 운명의 목을 비틀어 움켜쥐겠어. 그렇지 않고선 녀석은 나를 짓밟고야 말테니까"라는 선언적 명언을 남긴 뒤 어느 한 순간 '위버멘쉬Übermensch', 초인적 인간으로 환골탈태 되었다고 생각하지 않는다. 베토벤의 〈운명〉을 듣고 있노라면 운명을 이겨 내야 하는 그의 고난과 고단함이 온몸으로 전이된다. 도저히 끝이 보이지 않는 어두운 터널 속에서 '내가 해낼 수 있을까. 저 목표는 애초에 나에게 주제 넘는 일이었던 것은 아닐까'라며 운명과 사투를 벌이는 베토벤의 음성이 그 어떤 언어보다 큰 위로로 다가온다.

음악가들의 몸은
악기 그 자체다

"음악가들 역시 육체노동자다"라고 말한 '첼로의 성자' 파블로 카살스의 말처럼 음악인들은 매일의 고된 연습을 감내해 내야 하는 노동자다. 과도한 신체 사용으로 인한 저마다의 직업병을 달고 산다. 악기를 목과 어깨 사이에 괴고 연주해야 하는 바이올리니스트나 비올리스트들은 악기와 피부의 잦은 접촉으로 인해 목 주변에 착색이 생기거나, 활을 쥐는 손가락 근육에 무리가 오기도 한다. 또한 피아니스트들은 양팔과 손을 장시간 들고 연주해야 하기 때문에 건초염으로 고생하는 경우가 많고, 플루티스트들은 만성적인 어깨 결림으로 힘들어하고, 성악가들의 성대 결절은 하루 이틀 일이 아니다.

이스라엘의 의학협회지의 보고서에서 따르면 적지 않은 수의 음악가들이 연주 활동으로 인한 신체의 불쾌감이나 통증 때문에 다른 직종을 찾는다는 연구 결과가 있을 정도다. 만약 피아니스트의 팔에 마비가, 숨을 불어 넣으며 연주해야 하는 오보이스트에게 천식이 찾아왔다고 생각해 보자.

음악이라는 예술은 기술을 통해서 가능하다. 그 누구보다 예민한 신체 감각이 수반될 때만이 연주자가 원하는 음과 음의 연결을 이뤄 선율을 만들어 낼 수 있고, 거기에 더해 정신 의지를 담아내고 나서야 비로소 예술로 도달할 수 있다.

구조적으로 완벽한
교향곡, 〈운명〉

도대체 청력을 잃은 베토벤은 어떻게 이토록 위대한 작품을 작곡할 수 있었을까? 작곡가들에겐 뛰어난 청음 능력이 있기 때문에 사실 머릿속에 떠다니는 음을 악보에 그려 내는 것 자체는 그리 어려운 일이 아니다. 하지만 그 선율에 다른 선율이 더해지고 거기에 온갖 악기들이 가세해 두텁고 복잡한, 마치 거대한 궁전과 같은 30분짜리의 교향곡이라면 그때는 이야기가 달라진다.

직장인에 비유하자면 복잡한 숫자와 그래프로 범벅이 된 수십 장 분량의 보고서를 눈을 감은 채 감각에만 의지해 입력하고 그 결과를 단 한 번의 확인도, 또 아무런 수정 보완 작업도 못한 채 많은 사람들 앞에서 발표하는 것과 같은 꼴이다. 그렇기에 〈운명〉은 만약 베토벤이 '제정신의 사람'이었다면 결코 이뤄낼 수 없었을, 집요함과 열정, 불굴의 의지에서 나온 산물이라 할 수 있다.

"빠바바밤" 하며 오케스트라의 총주에 의해 강렬하게 뿜어지는 이 소리는 클래식 음악사상 가장 유명한 음악이라 할 만하다. 서주에 울리는 '네 개의 음들의 조합'이 바로 이 작품의 주제, 운명의 씨앗이다. 베토벤은 겨우 짧은 음 세 개와 길게 이어지는 음 하나의 조합만으로 이를 늘리고 당기고, 뒤집고 해체하고 또다시 재조합하는, 변주와 발전을 통해 음악을 구축해 냈다.

그리고 이 네 음으로 이뤄진 주제는 1악장만이 아니라, 전체 악장에 등장하며 통일성 또한 훌륭히 이뤄내고 있다. 베토벤은 마치 블록을 쌓아 나가듯 경이로운 건축기법과도 같은 작곡 기법으로 30분 길이의 대 교향곡을 완성한 것이다.

지극히 절약된 소재로부터의 극적 전개는 긴장을 불러일으키고 극한의 응축 과정을 이어 나간다. 그리고 이를 통해 응축된 에너지는 이내 환희의 폭발로 이어져 듣는 이로 하여금 감동과 함께 극한의 카타르시스를 경험하게 한다. 이러한 음악의 전개 방식은 〈운명〉만의 묘미이자 음악사에 있어 전무후무한 것으로 베토벤은 그 누구도 흉내 낼 수 없는 최고의 형식미와 건축미를 교향곡이란 그릇 안에 담았다.

베토벤이 〈운명〉을 작곡하기 시작한 건 〈영웅〉을 발표한 직후인 1804년, 그의 나이 서른세 살이 되던 해였다. 걸작을 쏟아내던 이 시기에는 베토벤의 높아지는 위상만큼이나 작품 의뢰 또한 물밀듯이 밀려들어 오고 있었다. 도저히 〈운명〉을 위해 펜을 들 여력이 없었다. 우선 당장 오페라 《피델리오》와 빈 주재 러시아 대사인 라주모프스키로부터 의뢰받은 3개의 현악 사중주를 작곡해야만 했다. 1806년에도 사정은 마찬가지여서 〈운명〉의 작곡은 뒷전으로 물러날 수밖에 없었다.

결국 〈운명〉의 본격적인 작곡은 1807년이 되어서야 시작되었다. 하지만 그렇다고 '뒷전으로 밀렸다'라는 표현은 적절하지 않다. '신중한 빌드업의 대가' 베토벤답게 베토벤은 이전의 작품들을 작곡하며 〈운명〉에 대한 아이디어들을 차곡히 쌓아나갔을 것이다. 특히 〈운명〉과 유사성을 찾아 볼 수 있는 **코리올란 서곡, Op.62** 같은 작품들을 작곡할 땐 그의 머릿속에선 동시에 〈운명〉에 대한 구상과 실험들이 이루어지고 있었으리라.

파격적인
교향곡의 시작

괴테는 〈운명〉을 두고 "이 교향곡은 너무 웅장해서 단지 사람들을 놀라게 할 따름이다"라며 혹평을 한 바 있다. 아마도 괴테를 비롯해 당시의 대중들은 대단한 센세이션을 일으켰던 〈영웅〉과 같은 영웅적 서사의 대 교향곡을 기대했을 것이 분명하다. 하지만 천둥이 내리치는 듯한 서주로 시작해 이전의 음악과는 전혀 다른 파격적인, 마치 기계적인 전개 방식의 교향곡을 관객들은 쉽게 받아들이지 못했다.

12월 22일 목요일, 베토벤이 안 데어 빈 극장에서 공연하는 영광을 갖는다. 모든 곡은 베토벤의 곡으로 아직 일반인들은 한번도 들어본 적 없는 새로운 곡이다.

프로그램 광고 문구

비록 초연에선 큰 호응을 얻지 못했지만 얼마 지나지 않아 작품의 비범한 예술성은 서서히 사람들로부터 이해되기 시작했다. 슈만은 베토벤의 〈운명〉을 듣고 "아무리 들어도 마치 자연현상처럼 경외감과 경탄을 자아내는 걸작이다. 이 교향곡은 음악세계가 지속되는 한 몇백 년이고 길이 남을 것이다"라고 말한 바 있다.

또한 베를리오즈가 그의 스승과 함께 이 작품에 대해 나눈 대화를 살펴보면 당시 이 작품이 음악가들에게조차 얼마나 큰 충격을 던져 주었는지 엿볼 수 있다. 다음은 베를리오즈가 스승 르즈뢰르와 함께 연주회에 참석한 후 그의 회상록에 남긴 내용이다.

르즈외르: 바람부터 쐬어야겠네. 모자를 쓰려고 하는데 내 머리가 어디에 붙어 있는지 알 수 없을 정도야. 지금은 아무 말도 할 수 없으니 이야기는 다음에 나누기로 하지.

다음날

르즈외르: 그런 음악은 더 이상 작곡되어서는 안 될 걸세.

베를리오즈: 물론입니다 선생님. 베토벤 말고는 다른 사람이 그런 음악을 작곡할 염려는 조금도 없습니다.

이전의 걸작 〈영웅〉에서 베토벤이 자신이 생각하는 이상적인 영웅상을 제시했다면, 〈운명〉은 보통의 인간이 영웅으로 나아가는 모습, 어둠 속 고난을 딛고 빛의 환희를 향해 나아가는 한 인간의 숭고한 모습을 그려내고 있다.

어느 날 청력을 잃기 시작한 작곡가, 이런 사형선고와도 같은 운명의 시련이 비단 베토벤에게만 있었을까. 인생의 어느 한 순간 긴 터널의 끝이 보이지 않아 발걸음이 떼어지지 않을 때, 베토벤의 〈운명〉이 위로가 되어주길 소망한다.

들으면서 읽는 베토벤

교향곡 5번 다단조, Op.67, 〈운명〉
지휘: 정명훈, 원 코리아 오케스트라

〈운명〉의 부제는 베토벤이 직접 붙이지 않았다. 베토벤의 말년 비서인 안톤 쉰들러가 쓴 베토벤 전기에 나온 내용을 바탕으로 붙여진 이름이다. 쉰들러가 "선생님, 교향곡 앞부분 서주의 네 음은 무슨 의미입니까?"라고 묻자 베토벤이 "운명은 이와 같이 문을 두드린다네"라고 답했다고 한다.

베토벤의 비서 쉰들러는 음악학자들에겐 사기꾼으로 평가받는 인물이다. 베토벤이 숨을 거두기 직전까지 보필했기 때문에 그의 전언을 무시할 수는 없지만, 그는 자신의 인기나 경제적 이득을 위해 여러 사실을 조작했다. 그럼에도 운명에 대항한 베토벤의 처절한 몸부림이 느껴지는 악상 때문에 독일에서도 '운명 교향곡'이라고 병행해서 표기하기도 한다.

• 1악장: 알레그로 콘 브리오 열정을 가지고 빠르게

이른바 '운명의 동기'가 클라리넷과 현악기의 포르티시모 매우 세게로 연주되며 시작된다. '세 개의 짧은 음표와 한 개의 긴 음표'로 이루어진 단순한 동기는 이내 차례차례 겹쳐져 웅장한 1주제로 발전한다. 호른 연주와 함께 분위기는 금세 바뀌어 제1바이올린에 의해 1주제와는 대비되는 부드러운 2주제의 선율을 노래한다. 이어 목관악기인 클라리넷과 플루트가 다시 어두운 분위기를 자아낸다. 모든 악기들이 다시 운명의 동기를 연주하며 비극적인 분위기로 마무리된다.

• 2악장: 안단테 콘 모토_{안단테보다 조금 빠르게, 그러나 활기 있게}

투쟁을 연상시키는 1악장과는 달리 그와 대조를 이루는 차분한 휴식 악장이다. 두 개의 주제를 바탕으로 한 변주곡 형식을 취한다. 비올라와 첼로에 의해 제시되는 주제는 가볍고 리드미컬하며 이어 클라리넷과 바순에 의해 제시되는 주제는 우아한 분위기를 자아낸다. 두 개의 주제는 다양한 모습으로 변주를 이어 나가 듣는 이로 하여금 사색과 명상에 잠기게 한다.

• 3악장: 알레그로_{빠르게}

1악장의 주제가 다시 등장해 다시 투쟁이 시작되었음을 알린다. 운명의 동기는 전보다 대담하게 변화해 긴박함이 느껴진다.

• 4악장: 알레그로

피날레 악장으로 긴장은 최고조에 달한다. 전 오케스트라는 운명의 주제를 총주로 연주하는데, 마치 투쟁을 통한 승리를 예견하듯 당당하고 힘차게 연주한다. 이어 뒤따르는 바이올린의 주제 또한 결연함과 승리의 확신으로 가득 차 있다. 음악은 잠시 잦아드는 듯하지만, 이내 오케스트라의 연주는 온힘을 다해 클라이맥스로 가고, 마침내 '고난을 넘어 환희에' 이르는 베토벤 특유의 밀도 높은 피날레를 장식한다.

자연에서 찾은
위로와 힘

교향곡 6번 바장조, *Op.68*, 〈전원〉

———

독일 유학 시절의 어느 날, 아침부터 목이 까끌까끌하고 후두에 염증이 생긴 것 같아 이비인후과를 찾았다. 의사는 내가 성악가인 것을 알고 자기도 굉장한 음악 애호가라며 예술가를 만난 반가움을 숨기지 않았다. 쉴 새 없는 문진이 이어졌고 목구멍 속 이곳저곳을 내시경으로 관찰하며 꼼꼼히 살펴봐 주었다. 모니터를 보며 후두의 어느 부분이 얼마나 부었는지, 또 성대가 균질하게 대칭을 이루며 매끄럽게 잘 접촉하는지 최첨단 장비를 동원한 검사가 이어졌다.

진료가 끝나고 처방의 시간이 다가왔다. 당시 이비인후과 진료는 처음이었는데 내심 기대감이 컸다. 독일은 약의 나라 아닌가.

예술가에 대한 존경과 애정이 넘치는 의사 선생님이니 목에 좋은 특효의 명약을 처방해 줄 것이라 확신했다. 하지만 처방은 다음과 같았다.

"후두가 약간 부어 있는 상태이니 당분간 노래는 하지 마세요."

"요즘은 환절기니까 아침저녁으로 카모마일 차를 많이 마시도록 하고, 저녁 식사 후에 30분 정도 산책을 하면 되겠습니다. 3일 뒤에 다시 봅시다. 잘 가요."

난생 처음 받아 본 처방에 당황스러웠지만 '그래도 목 상태가 그렇게 심각하진 않은가 보군' 하는 마음이 들어 내심 안심했다. 하지만 한편으론 거의 무처방이라 할 만한 자연치유 권고에 약간의 실망감도 들었다.

독일은 워낙 자연이 좋아 풀 냄새를 맡으며 흙길을 밟을 수 있는 곳이 지천에 널려 있다. 속는 셈 치고 그날 저녁 바로 산책을 나섰다. 의사의 처방, 30분 산책의 효과는 실로 컸다. 가볍고 상쾌한 저녁 공기를 깊이 들이쉴 때마다 뜨거웠던 목의 혈관들이 서서히 식는 느낌이었고, 한발 한발 걸을수록 두근거리던 가슴도 보폭의 속도에 맞춰 차분히 가라앉는 것 같았다. 산책하며 그동안 소홀이 대했던 내 몸, 또 나의 기분에 귀를 기울일 수 있는 시간이었다. 덤으로 자연 구경, 사람 구경도 하고 이런저런 생각도 하며 말이다.

그런데 정말 재밌는 사실은 두통이 있어 병원을 찾을 때도, 감기에 걸려 병원을 찾을 때도, 의사들의 처방엔 거의 항상, 열 번 중 아홉 번은 꼭 산책이 들어가 있었다. 정말 산책에 진심인 나라다. 왜 독일이 다른 유럽 국가들에 비해 유독 건강한 사람이 많은지, 그렇게도 많은 철학가와 예술가를 배출해 냈는지 알 것 같았다. 그 이후 산책은 유학 시절 내내 나의 필수 일과가 되었다.

오롯이 나만 존재하는 자유로움을 느끼다

〈전원〉은 〈운명〉과 한날한시에 초연되었을 뿐만 아니라 같은 시기, 동시에 작곡된 셈이니 쌍둥이 교향곡이라 해도 과언이 아니다. 〈전원〉이 작곡된 시기는 〈운명〉을 완성한 직후로, 악상의 착상은 베토벤이 서른다섯 살이 되던 해인 1806년에 시작되어 1807년부터 본격적인 작곡에 들어갔으며 1808년 6월경 하일리겐슈타트에서 완성되었다.

하일리겐슈타트는 빈에서 지하철로 약 20분 거리에 떨어져 있는 작고 아름다운 도시다. 숲으로 둘러싸인 개울이 흐르고 언덕엔 포도나무가 자라나는 이 도시로 요양차 이주한 베토벤의 일상은 이랬다. 우선 일어나자마자 정확히 60알의 원두를 골랐다. 모양이 이상한 결점두와 너무 크거나 작은 원두는 솎아냈다. 왜 60알이어야 했는지에 대해선 여전히 밝혀진 바 없다. 베토벤은 그렇게 잘 가려낸 원두로 제법 진한 커피 한 잔을 내려 마시곤 오전 내내 작곡에만 몰두했다.

정오쯤엔 간단한 점심을 먹고 오후 2시경부터는 하일리겐슈타트의 숲길을 걷고 또 걸었다. 하지만 이 걸음은 소화의 목적이나 건강을 위한 걸음이 아니었다. 베토벤에게 있어 산책은 도피이자 치유였으며 운명과의 싸움이자 자연으로부터의 위안이었다.

베토벤은 산책을 나설 때면 꼭 노트와 펜을 챙겼다. 산책 중에 언제 어디서 악상이 떠오를지 모르니 말이다. 어린 나이에 청력을 잃은 음악가, 베토벤은 걸으며 어떤 생각을 했을까? '귀가 더 안 좋아지면 어쩌지?', '아, 이 악상은 교향곡의 느린 2악장에 넣으면 되겠군' 등 이런저런 오만 잡생각이 교차하지 않았을까.

최상의 정신과 최악의 육체, 양극을 넘나드는 공상 속의 산책은 베토벤을 극한의 몰입으로 이끌었을 것이다. 베토벤은 마을 사람들이 큰소리로 인사를 건네도, 눈비가 내리고 살을 태우는 햇빛이 내리 쬐어도 알아채지 못했다. 오로지 산책에만 몰두해 모자도, 우산도 쓰지 않은 채 걷고 또 걸었다. 산책을 하며 불현듯 자신의 애처로운 처지에 비애감이 몰려들 때면 〈운명〉의 악상을 떠올렸을 테고, 울창한 숲의 나뭇가지를 헤집고 포근히 스며드는 햇살 속에선 〈전원〉의 선율을 발견했을 것이다.

전능하신 신이시여, 숲속에서 나는 행복합니다. 이곳에선 모두 당신의
말을 합니다. 이곳은 얼마나 장엄합니까

베토벤의 메모 중

그리곤 "나의 귀는 이곳에선 나를 괴롭히지 않는다"라고 베토
벤은 고백한다. 괴팍한 사람이라 낙인찍힌 자의 모멸감, 날개를
꺾인 가장 높이 날던 새의 수치심은 적어도 이 숲속에서만큼은 베
토벤을 괴롭히지 못했다. 베토벤은 자연 속에서 산책을 하며 위로
받고 또 심연의 음악을 들을 수 있는 가슴의 귀를 선물 받게 된 것
이다.

〈운명〉이 고난으로부터의 극복, 투쟁을 통한 승리의 음악이라
면 〈전원〉은 자연 속에서의 인간의 모습, 순응과 감사의 음악이
다. 베토벤이 자연을 사랑했던 마음, 고난을 딛고 일어날 수 있었
던 용기, 가슴으로 들었던 천상의 음악이 바로 〈전원〉에 스며 있
는 것이다.

나의 감정을 대입해
들으면 좋은 곡

오래전 뉴욕필의 지휘자 번스타인이 〈전원〉을 지휘하고 해설
한 '해설이 있는 청소년 음악회' 영상을 봤다. '해설이 있는 청소년
음악회'는 1958년부터 1972년까지 미국에서 방영된 클래식 음악

프로그램으로, 지금의 '해설이 있는 음악회'의 원조격인 프로그램이다.

혹백의 영상 속엔 열 살도 채 되지 않은 어린아이들이 관객석에 앉아 번스타인이 들려주는 〈전원〉에 대한 이야기를 듣고 있었다. 번스타인은 "어린이 여러분, '시골에 도착했을 때 기분전원 1악장의 부제'이 어떨까요? 행복하겠죠?"라고 운을 띄운 뒤 "그럼 갑자기 거액의 유산을 물려받았을 때라든가 아팠던 배가 싹 나았을 때의 기분은요? 마찬가지로 역시 행복하겠죠?"라고 묻는다. 그리고 "우리 이제 제목을 바꿔봅시다. 배탈이 나았을 때의 행복한 기분으로요. 음악이 정말 배가 싹 나은 느낌처럼 들리는지 함께 감상해 볼까요?"라고 덧붙인다.

나는 그때 화면에 나오는 아이들의 표정을 지금도 잊을 수 없다. 아이들은 지휘자가 말한 행복한 상상이 비단 '배탈이 나았을 때의 행복한 기분'에 한정되지 않는다는 것을 모두 이해하고 있는 것 같았다. 아이들의 표정에선 정신의 고양과 진지함이 교차하고 있었고 이내 행복의 감정은 눈동자와 입가로 서서히 물들어 가고 있었다.

몸이 무겁고 축 늘어지는 순간, 산책과 사색이 필요한 순간 모두 위로와 힐링이 필요한 때다. 각자의 감정을 대입해 〈전원〉을 들어 보길 바란다. '후두염이 가라앉았을 때의 개운한 기분', '프로

포즈에 성공했을 때의 감격스런 기분', '대출금을 모두 갚았을 때의 홀가분한 기분'처럼 내가 지금 바라고 소망하는 것을 상상하면서 말이다.

들으면서 읽는 베토벤

교향곡 6번 바장조, Op.68, 〈전원〉

지휘자: 레너드 번스타인, 오케스트라: 빈 필하모닉

초연 당시 베토벤은 〈전원〉에 '시골 생활의 추억'이라는 부제를 붙였으나 후에 '전원'이라는 표제로 개명했다. 이렇게 작품에 제목을 붙여 구체적인 감상이나 묘사를 담고 있는 음악 양식을 '표제 음악'이라고 하는데, 이는 당시로서는 상당히 실험적인 시도다. 베토벤이 살았던 고전주의 시대의 보편적인 음악 양식은 순수한 음의 구축으로, 구체적 의미를 포함하지 않는 '절대 음악'이었기 때문이다

〈전원〉은 이후에 등장할 '구체적 감상의 표출'로 대변되는 낭만주의 시대를 예고함과 동시에 고전주의와 낭만주의의 가교 역할을 한 기념비적 작품이라 할 수 있다.

• 1악장: 전원에 도착하니 깨어나는 유쾌한 기분

서주 없이 펼쳐지는 바이올린의 제1 주제는 전원으로의 도착을 환영이라도 하듯 상냥하고 상쾌하게 연주된다. 이어서 들려오는 새소리의 음형은 자연이 주는 해방감에 싱그러움을 한층 더한다.

역시 바이올린이 연주하는 제2 주제는 유유자적 흐르는 시냇물을 떠올리게 하며 평화롭고 밝은 기분을 안겨준다.

• 2악장: 시냇가의 정경

흐르는 물소리를 연상시키는 현의 반주 위에 제1바이올린의 밝은 주제가 더해진다. 바순과 함께 들판의 정취를 연상시키는 제2 주제가 등장하고 새들의 노랫소리가 보다 다채롭게 연주된다. 자연 속에서 조화롭게 지저귀는 꾀꼬리플루트, 뻐꾸기클라리넷, 메추리오보에들의 합창은 목관 악기로 아름답게 표현된다.

• 3악장: 농부들의 즐거운 모임

바순과 오보에가 흥겨운 독일 민요풍의 춤곡을 연주한다. 3박자의 춤곡은 2박자로 변하면서 분위기는 한층 더 고조되어 가는데 이때 갑자기 천둥소리가 들려오며 다가올 폭풍우를 예고한다.

• 4악장: 폭풍

팀파니의 천둥소리와 함께 콘트라베이스의 거센 바람소리가 폭풍우를 몰고 온다. 이내 번개와 함께 거센 비바람이 몰려오고 매섭게 휘몰아친다. 격정적이던 전원의 풍경은 멀어져 가는 폭풍우의 소리와 함께 점차 평화를 찾아가기 시작한다.

• 5악장: 농부들의 노래, 폭풍 후의 기쁘고 감사한 기분

폭풍우가 지나가고 다시 밝은 태양이 떠올랐음을 알리듯 양치기가 피리를 불며 등장한다. 피리 소리는 클라리넷의 서주로 표현되며 호른과 바이올린, 비올라가 뒤따른다. 이는 한데 어우러지기 시작하고 점차 편성을 더해 자연에 대한 감사의 기도이자 숭고함의 노래로 울려 퍼진다.

듣지 못하는 음악가에서
거장으로

피아노 협주곡 5번 내림마장조, *Op.73*, 〈황제〉

'우리나라 사람들이 가장 사랑하는 클래식'이란 설문에 항상 상위권을 지키고 있는 작품이 바로 〈황제〉다. 베토벤의 모든 작품을 좋아하지만 나 역시 〈황제〉를 특히 좋아한다. 때로는 유려한 선율로 슬며시 오케스트라 속으로 스며들기도 하고, 때로는 피아노로 보여 줄 수 있는 최상의 모든 기술에 집중할 수 있기 때문이다. 또한 음악이 흐를수록 오케스트라는 가공할 만한 카리스마로 우리를 압도하며 승리를 표현한다. 이야말로 한 인간의 서사이지 않을까 싶다.

〈황제〉가 사랑 받는 이유는, 베토벤이 우리에게 전하고자 했던 강인함을 보여 주는 곡이기 때문이다.

베토벤,
빈을 떠날 계획을 세우다

1809년 1월, 베토벤은 빈을 떠날 것을 선언한다. 스물다섯 살, 스스로 자유음악가의 길을 걷기로 선언했던 베토벤에게 과연 무슨 일이 있었던 걸까?

사실 베토벤의 말은 반은 진심이었고 반은 허풍이었다. 당시 베토벤의 경제 사정은 좋지 않았다. 〈운명〉과 〈전원〉을 발표했던 공연의 수입이 영 신통치 않았고 이전의 오페라 《피델리오》도 별반 다르지 않았다. 전에 비해 객석의 빈자리는 점점 많아졌고 평론가들의 비평 또한 비판적인 내용들이 적지 않았다. 과대평가 따위에 휘둘릴 베토벤이 아니지만 그래도 자신이 빈에서 과소평가, 평가절하되고 있다는 느낌을 떨쳐버리기 어려웠을 것이다.

둘째로는 화폐가치의 하락이었다. 나폴레옹과 대립하는 동안 빈의 경제는 어려워졌다. 모아둔 돈의 가치도 폭락했을 뿐만 아니라 공연 수입이나 출판 계약에 있어서도 어려움이 이만저만이 아니었다. 더구나 언제고 나폴레옹이 들이닥치기라도 하면 베토벤은 생계를 장담할 수 없었다. 이럴 바엔 차라리 세련되지는 않더라도 평화로운 도시로 이주해 평온한 삶을 살고 싶은 마음도 없진 않았을 것이다.

하지만 전 유럽을 통틀어 가장 우아하고 고상한 취향의 음악애호가들로 넘쳐나는 도시 빈을 베토벤이 떠나고 싶었을 리는 없다.

하지만 베토벤은 지금이야말로 승부수를 걸 적기라고 느꼈던 것 같다. 후원자들과의 관계를 재정립해야 할 필요성을 느꼈던 것이다. 최고의 작품들을 쏟아내던 이 시기, 베토벤은 후원자들의 성의 있는 금전적 후원이 매우 절실했다. 후원자들은 여전히 베토벤을 이 시대 최고의 예술가라 추앙하고는 있었지만 한편으로는 점점 멀어가는 그의 귀만큼이나 그에 대한 관심 또한 조금씩 줄어들고 있었다.

귀가 안 들려도
다시 인정받은 베토벤

당시로는 적지 않은 서른여덟 살의 나이, 비록 귀가 들리지 않는 음악가일지라도 여전히 세상 모든 음악당의 문은 자신을 향해 활짝 열려 있다는 사실을 상기시키고 싶었을 것이다. 베토벤의 예측은 정확했다.

1809년 3월 1일, 오스트리아 황제의 동생 루돌프 대공은 계약서 한 장을 지니고 베토벤을 직접 찾는다. 계약서의 내용은 마음을 모은 세 귀족이 서로 갹출하여 베토벤에게 매년 연금을 지급하겠다는 것이었다. 조건은 단 하나, '베토벤이 오스트리아의 영토를 떠나지만 않는다면'이었다. 합스부르크의 적통인 루돌프 대공이 직접 찾아와 '제발 우리를 떠나지 말아 달라'고 간청을 한 것이나 다름없었다.

베토벤의 작전은 그야말로 대성공이었다. 베토벤은 매년 롭코비츠 공으로부터 700굴덴, 루돌프 대공으로부터 1500굴덴, 킨스키 공으로부터 1800굴덴, 도합 4000굴덴을 확보하여 안정적인 창작 활동이 가능해졌다. 4000굴덴은 지금의 화폐가치로 4000만 원에 해당하는 상당한 거금이었다. 베토벤에게 아주 오랜만에 찾아온 안정이자 평화였다.

〈황제〉는 베토벤에게 있어 '창작의 절정'인 시기에 작곡된 베토벤 최고의 걸작 중 하나로, 음악사상 가장 위대한 협주곡 중 하나로도 평가받는다. 이 작품은 베토벤의 마지막 피아노 협주곡이자 베토벤 자신이 직접 초연하지 않은 협주곡으로 당시 그의 청력 상태를 미뤄 짐작 할 수 있다. 당시 음악계에 나온 비평을 보면 "매우 독창적이고 상상력이 풍부하며 활기가 넘친다. 모든 피아노 협주곡 가운데 가장 어려운 곡이라 할 만하다"라는 딱딱하지만 정확한 찬사로 호평했다.

들으면서 읽는 베토벤

피아노 협주곡 5번 내림마장조, Op.73, 〈황제〉

피아노: 임윤찬, 지휘: 홍석원, 광주 심포니 오케스트라

작품의 초안 스케치는 〈전원〉의 발표 직후인 1808년 12월에 시작하여 그 이듬해인 1809년 4월경 완성되었다. 1811년 1월 13일 롭코비츠 공작의 궁에서 비공개 초연되었으며 베토벤의 제자이자 이 작품의 피헌정자인 루돌프 대공이 직접 협연했다.

빈에서의 초연은 제자 체르니에 의해 이뤄졌는데 당시 청중들의 반응은 그리 좋지 않았다. 이는 작품성의 문제라기보다는 새로운 양식과 실험적인 시도에 대한 다소 비판적이고 보수적인 태도가 그 이유다. 작품의 부제 '황제'는 베토벤이 영국의 출판업자 요한 밥티스트 크라머가 출판을 위해 붙인 것이다.

• 1악장: 알레그로 빠르게

규모가 큰 악장으로 오케스트라의 강렬한 화음이 연주되면 이내 피아노가 곧바로 이어받아 화려한 카덴차를 담대하게 연주한다. 본래 전통적인 피아노 협주곡은 오케스트라와 피아노 독주가 번갈아가며 대화하듯 연주하지만 이 작품은 피아노가 바로 협주에 참여함으로써 오케스트라와 대등한 관계를 이룬다. 이러한 도입부는 당시의 기준으로는 상당히 파격적인 것으로 훗날 슈만, 리스트, 차이콥스키 등의 후배 작곡가들에게 커다란 영향을 주었다. 또한 베토벤은 이 작품에서 통상적으로 1악장의 재현부와 종결부 사이에 자리하는 카덴차를 허용하지 않았다. 음악의 흐름을 끊지 않고 계속해서 연주를 이어 나갈 것을 지시했다.

• 2악장: 아다지오 운 포코 모소 느리지만 동적으로

1악장에 비해 한결 차분한 분위기의 느린 악장이다. 바이올린에 의해 느리고 편안한 주제가 제시되고 이를 피아노가 이어받아 온화한 연주를 이어 나간다. 목관악기의 애잔한 음색으로 주제는 다시 반복되고 피아노가 이어받아 연주한다. 2악장에 감도는 우아하고도 숭고한 선율은 시종 사색적 분위기로 충만하다.

• 3악장: 알레그로 빠르게

2악장에 이어 쉬지 않고 곧바로 연결되는 3악장은 다시 빠르고 격렬한 분위기로 회귀한다. 피아노는 오케스트라와 팽팽한 긴장감을 유지하며 현란한 테크닉의 연주를 이어 나간다. 타악기 연주와 함께 피아노는 잠시 잦아들지만 이내 다시금 격정적인 연주로 몰아 붙이며 승리에 도달하듯 화려한 대미를 장식한다.

슬픈 음악이
우리에게 주는 것

피아노 소나타 26번 내림마장조 *Op.81a*, 〈고별〉

한 강의에서 음악을 소개하던 중 "도대체 슬픈 음악은 왜 들어야 하는 거냐"라는 질문을 받았다. '그렇지 않아도 힘든 세상, 신나는 노래로 기분을 끌어올려야지, 왜 스스로 무덤을 파느냐. 굳이 음악까지 들어가며 슬픔에 빠지는 건 도움이 되지 않는다'라는 주장이었다. 어찌 보면 맞는 말이다. 기분 전환을 위해서는 신나는 음악이 꼭 필요할 때가 있다. 하지만 단호하게 말 할 수 있다. 슬픈 음악이 아예 쓸모없다는 말은 틀렸다.

슬픈 음악이 필요한 순간도 분명히 있다. 과연 슬픈 음악을 들으면 더 슬퍼질까? 결론부터 말하자면 그렇지 않다. 다수의 연구 논문에 따르면 슬픈 음악을 들으면 정서적 카타르시스를 느끼며 오히려 슬픔을 덜어낼 수 있다고 한다. 조금 자세히 말하자면, 슬픈 음악을 듣는 동안 감상자는 자기 내면의 슬픔과 마주하는 시간을 갖게 되는데, 이 경험을 통해 슬픔을 마주하고 받아들일 수 있는 용기를 얻으며 이내 슬픔을 조절할 수 있게 된다는 것이다.

슬픈 음악은 아름답다. 이별이나 고통, 죽음에 대한 사색의 음악일지라도 그 이면엔 항상 아름다움이 깃들어 있다.

행복은 몸에 좋다. 하지만 마음의 힘을 길러주는 것은 슬픔이다.

프랑스 대문호 마르셀 프루스트

슬픔은 우리에게 영감이 된다

1809년 4월 9일, 걱정하던 일이 벌어지고야 말았다. 프랑스는 오스트리아 빈을 향해 선전 포고를 했고, 약 한 달 뒤인 5월 4일 마침내 나폴레옹이 이끄는 프랑스 군대가 빈을 침공했다. 왕족들은 황급히 빈을 빠져 나갔고 베토벤의 제자이자 후원자인 루돌프 대공도 피난길에 올랐다. 베토벤 역시 동생의 지하실로 숨어들었다. 베토벤에겐 적의 포탄보단 고막을 찢을 듯한 포화의 굉음이 더 두려운 대상이었을 것이다. 그나마 남아 있는 실낱같은 청력이라도 보존하기 위해선 베토벤은 지하실의 깊숙한 곳에서 베개와 이불로 귀를 틀어막아야 했다.

같은 해 10월, 결국 오스트리아는 항복을 선언했고 나폴레옹의 군대는 평화조약각서를 전리품으로 챙겨 빈에서 철수했다. 베토벤은 전쟁 때문에 너무 많은 것을 잃었다. 인플레이션 이전보다 더 심해져 이젠 당장의 생계를 걱정해야만 했다. 불과 몇 달 전, 카셀의 궁정악장직을 거절했던 것을 필시 후회했을 것이다. 전쟁이 발발한 지 얼마 지나지 않아 스승이자 대선배인 하이든이 세상을 떠났다.

절망과 혼돈의 시기, 전장의 한가운데에서도 베토벤은 오선지와 펜을 꺼내들었다. 하이든도 아니오, 비탄에 빠진 빈의 시민들을 위해서도 아닌, 바로 루돌프 대공을 위해서였다. 베토벤의 벗이자 또 다른 후견인으로 가장 오랫동안 돈독한 관계를 유지한 인물이다. 베토벤은 대공을 진심과 존경으로 대했고 대공 역시 그랬다. 그만큼 두 사람은 각별한 사이였다.

베토벤의 열렬한 후원자 루돌프 대공은 프란츠 1세 황제의 막내 동생으로 황실의 직계 혈통이었다. 하지만 베토벤에겐 그저 간질병을 앓고 있는 연약한 피아노 제자이기도 했다. 베토벤은 존경하는 루돌프 대공이 부디 건강하게 돌아오길 바라는 마음, 애처롭고 안쓰러운 마음을 담아 피아노 소나타를 작곡했다. 그렇게 탄생된 작품이 바로 〈고별〉이다.

그런데 출판 당시 출판사와 베토벤 사이 작은 해프닝이 있었다. 출판사는 베토벤과 상의도 없이 제목을 프랑스어로 바꾸어 'les adieux고별', 'labsence부재', 'le retour재회'라고 악보에 표기했다. 당시 출판사들은 마케팅을 위해 제목으로 프랑스어를 쓰는 일이 많았는데, 외국어를 사용함으로서 작품에 낭만적인 뉘앙스를 더하기 위해서였다. 하지만 이 사실을 알게 된 베토벤은 프랑스어로 번역된 언어의 뉘앙스는 독일의 그것과는 전혀 다른 것이라며 강력히 항의하였고, 결국 원래대로의 독일어 버전으로 출판되었다. 하지만 베토벤의 바람과 달리 오늘날까지 많은 이들이 프랑스어 제목으로 부르고 있다.

슬픈 음악을 듣는다고 해서 반드시 그 슬픔에 깊게 공감해야 하는 것은 아니다. 공연장에서 혹은 텔레비전에서 슬픈 음악을 들은 관객들의 표정을 본 적 있을 것이다. 그 눈망울엔 슬픔이나 고통이 아닌 행복과 감동이 배어 있다. 어릴 적 함께 뛰놀던 친구들, 베개 삼아 곤히 잠들던 엄마의 무릎, 그리워하는 이의 얼굴 같은 추억 말이다.

들으면서 읽는 베토벤

피아노 소나타 26번 내림마장조, Op.81a, 〈고별〉

피아노: 백건우

1809년 5월 4일 루돌프 대공이 빈을 떠날 때 즈음 작곡하기 시작하여 다시 빈으로 돌아올 즈음인 18010년 1월에 완성하였다. 루돌프 대공에게 헌정된 사실 이외에 초연의 때나 장소, 초연한 연주자에 대한 기록은 남아 있지 않다. 작품은 '오스트리아 황실의 루돌프 대공 전하를 기리며'라는 헌사와 함께 출판되었다.

• 1악장: 고별, 아다지오 느리게 - 알레그로 빠르게

흐느끼듯 이별을 표현하는 듯한 하강하는 선율로 시작한다. 슬픔의 음형은 비애감과 침통함으로 이어지다 이내 템포가 빨라지며 분노를 표출한다.

• 2악장: 부재, 안단테 에스프레시보 감정을 갖고 천천히

느릿느릿한 템포로 연주되는 악장이다. 불안감을 조성하는 화성은 애달픈 걱정과 그리움의 마음을 담고 있으며 쓸쓸한 분위기로 지속된다.

• 3악장: 재회, 비바치시마멘테 매우 생기 있는 빠르기로

강력한 타건과 함께 기쁜 마음이 느껴지는 펼침 화음으로 장을 연다. 재회했을 때의 흥분을 표출하듯 경쾌하고 기쁜 느낌이 이어진다. 잠시 차분한 음형이 나타나다가 다시 기쁨을 외치며 마무리된다.

음악과 사랑의
공통점

피아노 솔로를 위한 바가텔 가단조, *WoO 89*, 〈엘리제를 위하여〉

음악은 이해하는 것이 아니라 매료되는 것이다.

단테 알리기에리

　사랑과 음악에는 공통점이 하나 있다. 바로 이해하는 것이 아니라 매료된다는 것이다. 종종 주변 사람들에게 클래식 음악을 추천해 달라는 질문을 받는다. 덧붙여 "예전부터 늘 관심은 있었는데 이제부터라도 클래식 음악을 한번 들어 보고 싶으니 너무 어렵지 않고 좀 쉬운 음악으로 골라 달라"라며 말이다. 이러한 질문에 대한 필자의 대답은 항상 똑같다.

　"클래식 음악이 어렵다고요? 전혀 그렇지 않아요."

음악도 결국
나의 취향을 찾는 일

어려운 음악은 없다. 클래식 음악, 재즈, 트로트를 다 포함해서 세상에 어려운 음악은 없다. 명곡을 남기기 위해 악상을 쥐어 짜내야 하는 작곡가들이나 최고의 퍼포먼스를 선보이기 위해 뼈를 깎는 연습을 해야 하는 연주자들에게나 어려운 것이다. 듣는 감상자는 그저 악흥에 공감하고 감동받을 느슨한 마음의 준비만 있으면 그만이다. 그렇지 않은가? 세상엔 그저 익숙한 음악과 익숙하지 않은 음악만 존재할 뿐이다.

우선 입문자는 섭렵한다는 마음보단 자신의 취향에 맞는 음악을 찾는 생각으로 시작하는 것이 좋다. 사람의 목소리로 하는 성악이 좋은지 악기로 연주하는 기악이 좋은지, 또 사색에 잠기기 좋은 소박한 솔로 연주가 좋은지, 전율의 사운드 샤워를 경험할 수 있는 합주 연주가 좋은지 자신의 취향에 따르면 된다.

그렇게 한 곡 두 곡 듣다 보면 자신이 어떤 음악에 마음이 이끌리는지 또 어떤 음악에 싫증을 느끼는지 알 수 있다. 싫증이 나고 지루한들 어떠한가. 세상엔 평생 들어도 다 못 들을 만큼의 방대한 클래식 음악이 존재한다. 취향에 안 맞으면 다른 음악을 찾아 들으면 그만이다. 브랜드를 많이 안다고 옷을 잘 입는 것이 아닌 것처럼 나만의 플레이리스트에 나에게 맞는 음악을 하나둘 채워 가면 된다.

그리고 꼭 작품의 규모가 크다고 해서 훌륭한 음악은 아니니 처음부터 너무 긴 작품은 피하는 것도 하나의 방법이다. 한 시간 가량의 교향곡 전체를 들어도 좋지만 그중 한 악장만 골라 들어도 괜찮고, 3~4분가량의 짧고 시적인 피아노 작품을 많이 경험해 보는 것도 좋다.

작품에 관한 배경 지식을 알고 듣는 것 또한 좋은 방법이다. 작곡했을 당시 작곡가가 사랑의 단꿈에 빠져 있었다든지 상실과 궁핍으로 머리를 쥐어뜯으며 밤을 지샜는지, 작품의 작곡 동기나 시대적 배경과 처했던 환경 등을 알고 듣는다면 작품의 내면을 헤아리듯 상상의 날개를 펼치며 보다 입체적인 감상이 가능하다.

답답한 상황을
음악으로 풀어내다

베토벤의 작품 중 누구나 한 번쯤은 들어 봤을 법한 클래식 음악이 있다. 바로 〈엘리제를 위하여〉다. 어릴 적 자동차의 후진 경고음으로, 또 2층 양옥집에 살던 짝사랑하던 소녀가 치던 피아노곡으로 기억되는 작품이다. 피아노 교습소에서 이제 막 바이엘을 떼고 체르니를 치기 시작할 때쯤 많이 치는, "이 작품은 좀 너무 유치하지 않나요?"라고 할 만큼 귀에 익은 작품이지만 이 작품에 얽힌 스토리를 알게 된다면 이전과는 전혀 다르게 들릴 것이다.

〈엘리제를 위하여〉는 베토벤이 살아 있을 때 발표됐거나 출판

된 작품이 아니다. 베토벤이 숨을 거둔 지 40년 뒤인 1867년, 독일
의 음악학자인 루트비히 놀은 친구의 집에서 우연히 베토벤의 자
필 악보를 발견하게 된다. 악보에는 별도의 제목은 없었고 그저
"바가텔피아노를 위한 작은 소품곡 가단조"라고만 적혀 있었다. 그리고
악보의 끝자락엔 "4월 27일 1810년, 베토벤의 기억 속의 엘리제를
위하여"라는 메모만 덧붙어 있을 뿐이었다.

음악학자들은 엘리제라는 여인이 베토벤과 어떤 관계였을지
추적했다. 만약 엘리제와의 관계를 알아낸다면 베토벤 생애에 관
한 연구와 작품의 해석과 분석에 귀중한 사료가 될 것이기 때문이
었다. 하지만 악보에 남긴 메모엔 추적할 만한 추가 단서가 너무
없었다. 메모를 남긴 연도만 알았더라도 베토벤이 생전에 남겼던
편지나 스케치 등을 통해 이 여인이 누구인지 좀 더 정확하게 유
추해 낼 수 있었을 텐데 말이다.

결국 베토벤이 엘리제라는 이름의 여인과 교류했다는 증거는
찾지 못했고 여러 증거를 조합 분석한 결과, 음악학자들은 '엘리제
를 위하여'의 엘리제는 '테레제 말파티'라는 이름의 여인이었을 것
이라고 결론지었다. 독일의 음악학자 클라우스 마르틴 코피츠는
베토벤의 오페라 《피델리오》에서 플로리안 역을 맡았던 소프라노
엘리자베스 뢰켈의 애칭이 엘리제였다는 것을 이유로 들어 그녀
를 지목했으나 이를 뒷받침할 근거는 부족했다.

결국 〈엘리제를 위하여〉의 엘리제는 베토벤의 끔찍한 악필 덕

분에 놀이 테레제Therese를 엘리제Elise로 오독했다는 결론에 도달했다. 베토벤 주치의의 조카이기도 한 테레제 말파티라는 검은 곱슬머리의 여성은 빈의 모든 남자가 사랑했던, 당시 빈 사교계 전체를 통틀어 가장 아름다웠던 여성이었다. 베토벤은 1810년 테레제에게 청혼했던 것으로 알려져 있는데 당시 베토벤의 나이는 마흔, 테레제는 열일곱 살이었다.

평생을 독신으로 외롭게 살았던 베토벤. 스물세 살이나 어린 소녀를 사랑했던 중년 베토벤의 마음은 어땠을까? 베토벤은 그저 그녀에게 매료되었을 것이다. 벅찬 행복과 열정의 감정도 있었겠지만, 한편으론 도덕적인 죄책감도 느끼지 않았을까. 아마 쉽게 설명할 수 없는 복잡한 감정이었으리라.

그런 베토벤의 마음처럼 음악 역시 다가갈까 말까 망설이는 듯한 느낌이 든다. '띠리리리~' 하는 음형은 기쁘게 감성적으로 부풀어 오르는 듯하지만 결국엔 애잔하고 차분하게 가라앉으면서, 체념하듯 이성적으로 마무리된다.

우리에게 굉장히 익숙한 멜로디라 할지라도 근거 있는 상상과 해석을 더해 들어보면 색다르게 감상할 수 있다. 그리고 꼭 사랑이 아니더라도 답답한 상황, 용기와 망설임 사이 그 어딘가에서 방황하는 이들이라면 〈엘리제를 위하여〉는 공감과 위로의 음악이 되어 줄 것이다.

들으면서 읽는 베토벤

피아노 솔로를 위한 바가텔 가단조, WoO 89, 〈엘리제를 위하여〉

피아노: 랑랑

　〈엘리제를 위하여〉는 왼손의 펼침화음 위에 오른손의 아름다운 선율이 유영하듯 연주되는 바가텔피아노 소품곡이다. 벅차오른 감정을 표현하듯 조금 빠른 템포로 시작하는 작품은 전체 A-B-A-C-A의 5부 론도 형식으로 이루어져 있다. A 부분은 우리가 흔히 떠올리는 자동차 후진음으로 시작해, 도입부의 서정적인 주제는 B부분에서 장조의 상냥하고 밝은 분위기로 이어진다. 다시 첫 주제인 A가 반복되고 C 부분에 이르러서는 보다 격정적인 감정의 표출로 이어진다. 고조된 음형은 다시 A로 돌아와 고요하게 마무리 된다.

옳고 그름을
판단하는 기준

에그몬트 서곡, *Op.84*

예술가란 아름다운 음악이나 그림, 춤이나 문학 등을 통해서 세
상을 보다 아름답게 하려는 사람들을 말한다. 그러나 그 표현의
방법과 주제는 실로 다양해 시공을 막론할 뿐만 아니라 비단 아름
다운 것만이 아닌 숭고한 것부터 통속적이거나 추한 것까지 모든
것을 아우른다. 한 예술가와 작품을 평가할 때, 작품 자체만을 두
고 평가할지 또는 주제나 표현 방법, 더 나아가 작가의 도덕성까
지 모두 고려해야 할지는 풀리지 않는 숙제와도 같다.

이를 바라보는 관점은 크게 두 개의 잣대로 나뉜다. 하나는 "좋
은 말과 좋은 곡조와 우아함과 좋은 장단도 모두 좋은 인품을 따
르는 것"이란 플라톤의 말처럼 예술가와 작품 모두에 있어 도덕적

검열이 필요하다는 도덕주의적 관점이다. 또 다른 하나로는 심미주의적 관점으로, 작품 자체만을 놓고 평가해야 한다는 관점이다. 유명한 비평가 스핑건의 말을 인용하자면 "작품을 두고 비도덕적이라고 말하는 것은 마치 이등변 삼각형을 두고 비도덕적이라 비판하는 것"과 다르지 않은 무의미한 일이라는 시각이다.

심미주의적 관점에 관한 좋은 예가 하나 있다. 1966년 네덜란드 라펠 아트센터에서는 가장 유명한 현대 예술가 중 한 명인 마우리치오 카텔란의 전시회가 예정되어 있었다. 하지만 카텔란은 근처 다른 갤러리에 몰래 잠입해 작품들과 기물들을 훔쳐 버젓이 자신의 전시회에 내걸었다. 그리곤 '또 다른 빌어먹을 레디메이드 Another Fucking Readymade'라 명명하곤 자신의 작품으로 발표할 계획을 가지고 있었다. 하지만 갤러리의 신고로 카텔란은 경찰서에서 조사를 받아야 했다.

카텔란은 "왜 작품을 훔쳤느냐"라는 질문에 "이건 절도가 아닌 예술이다"라며 당당하게 답했다. 이미 만들어진 상품에 의미를 부여하는 예술 사조를 '레디메이드'라 하는데, 카텔란은 "이미 창조된 레디메이드를 가져와 새로운 레디메이드 작품을 만들었을 뿐"이라고 덧붙였다.

범행을 자백한 것과 다름없는 조사 결과였지만, 아트센터 측에서는 "레디메이드에 대한 역발상 퍼포먼스", "레디메이드의 작업 방식을 풍자하고 현대 미술의 메커니즘을 비판한 카텔란의 새로운 예술 작품"이라며 그를 변호했다. 도난 당한 갤러리 역시 카텔란의 법적 처벌을 원하지 않아 카텔란은 석방되었다.

괴테의 작품을
음악으로 표현하다

1809년 베토벤은 빈의 부르크 극장으로부터 연극《에그몬트》를 위한 부수 음악 작곡을 의뢰받는다. '부수 음악'이란 연극의 극적 효과를 높이기 위한 음악으로, 넓은 의미로는 지금의 영화 음악이라고 할 수 있다. 베토벤의 제자 카를 체르니의 전언에 따르면 요한 볼프강 폰 괴테의 열렬한 팬이었던 베토벤은 별다른 이의 없이 작곡을 수락했다고 한다. 베토벤은 자신의 작품 목록에 존경하는 괴테 선생의 작품 이름이 추가 될 것을 상상하며 흡족해했을 것이 분명하다.

이미 괴테의 시에 음악을 붙여 가곡을 작곡한 바 있는 베토벤이었지만 이번 의뢰는 그의 심장을 요동치게 만들기에 충분했다. 왜냐하면 괴테가 12년에 걸쳐 완성한 5막의 비극적 연극《에그몬트》는 애국심으로 가득 찬 한 영웅의 이야기이기 때문이다. 비록 형장의 이슬로 사라지는 영웅의 서사이지만, 한 영웅의 투쟁을 통한 정의와 양심의 승리라는 점에서 베토벤이 가장 좋아하는 음악 서사인 '고통을 넘어 환희로' 나아가는, 베토벤 특유의 '투쟁과 승리'의 음악적 문법을 구현해 내기에 이상적인 작품이었다.

1809년 10월 작품의 수락과 함께 곧장 작업에 착수한 베토벤은 1810년 5월, 총 열 개의 부수 음악을 완성한다. 작품은 한 영웅을 상징하는 비장한 서곡으로 시작해 그의 삶과 투쟁을 묘사하며 단두대 앞에 섰을 때 연주되는 곡까지 베토벤 특유의 긴장과 응축, 강렬한 폭발의 카타르시스로 가득 차 있다. 오늘날 전곡이 연주되는 경우는 거의 없지만 서곡만큼은 오케스트라 콘서트의 단골 레퍼토리로 자리매김하고 있다. **에그몬트 서곡, Op.84**은 베토벤의 11개의 서곡 중 가장 대중적이고 널리 연주되는 작품으로, 1956년 스탈린으로부터 자유를 갈구하는 헝가리 혁명의 비공식 국가가 되기도 했다.

괴테와의 첫 만남과
실망

베토벤은 1810년 8월 21일 한 지인에게 보낸 편지에서 "나는 오직 괴테 선생님에 대한 존경의 마음으로 작곡했습니다"라고 밝힌 바 있다. 베토벤은 괴테에게 직접 **에그몬트 서곡, Op.84**의 악보집을 보내 존경의 마음을 표현했지만 괴테로부터 어떤 감사의 인사나 답장을 받지 못했다.

그러던 1812년 7월, 베토벤은 베티나라는 여인의 주선으로 마침내 지금의 체코 지방인 오스트리아의 온천 도시 테플리츠에서 괴테와의 첫 만남을 갖는다. 문학과 음악에 있어 최고봉인 시성詩

聖과 악성樂聖의 만남이었다. 당시 베토벤은 마흔두 살이었고, 괴테는 예순세 살이었다. 두 사람은 그곳에서 일주일간 머무르며 서로의 예술관에 대해 깊은 이야기를 나눴고 즉흥 연주에 능한 베토벤은 괴테에게 직접 피아노로 즉흥 연주를 들려주기도 했다. 매일 침묵의 산책도 거르지 않았다. 그러나 보수적이고 비판적이며 외교적, 정치적 수완이 능했던 괴테와 그 무엇보다 자유와 인류애를 중시하는 공화주의자 베토벤은 서로 잘 맞지 않았다.

어느 날 두 사람은 산책 중 맞은편에서 왕족이 다가오고 있는 것을 목격한다. 그러자 괴테는 곧장 길 한편으로 물러나 허리를 깊이 숙이며 모자를 벗어 왕족에 대한 예를 갖췄는데, 베토벤은 왕족에 대한 예는커녕 오히려 뒷짐을 진 채 당당히 갈 길을 재촉했다. 이 사건 이후 두 사람의 만남은 다신 이어지지 않았다. 괴테는 베토벤의 모자란 사회성과 존경심 결여를 이해하지 못했고, 베토벤은 권력에 고개를 조아리는 '길들여진 예술가' 괴테에게 깊은 실망감을 느꼈다.

괴테가 독일의 음악가이자 지인이었던 칼 프리드리히 젤터에게 보낸 편지엔 베토벤에 관한 실망감이 담겨 있다.

베토벤의 재능은 나를 깜짝 놀라게 했습니다. 하지만 유감스럽게도 그는 자제할 줄 모르는 사람인 것 같았습니다. 그럴 법도 한 것이 그는 청력을 잃은 음악가이니 그에게 아량을 베풀며 동정해야겠지요.

4악장 - 고난에 굴복하지 않는 법

한편 베토벤은 괴테에 대하여 "그는 지나치게 왕실의 분위기를 좋아하는 것 같다. 세상을 계몽해야 할 책무가 있는 스승은 결코 그래서는 안 된다"라며 역시 실망감을 숨기지 못했다.

예술의 옳고 그름을 우리가 정할 수 있을까?

한 예술가나 작품에 대한 평가는 그를 바라보는 사람들의 수만큼이나 다양할 것이다. 베토벤에게도 다소 근사하지 못한 면이 있었다. 괴테와의 일화처럼 다소 괴팍하고 변덕이 심한 성격이었고, 돈에 민감하고 가정이 있는 유부녀들과 교제했던 점이 그렇다. 그렇기에 베토벤의 일부 충실한 팬들은 이런 사실들이 굳이 들추지 않기를 바란다.

다시 말하자면 분명 근사하지는 않다. 그러나 한 예술가의 도덕성에 관한 평가는 그가 살았던 시대와 시대정신에 비추어 보는 것이 바람직하지 않을까 생각한다. 봉건주의 시대를 살았던 두 사람의 상반된 태도, 계급사회를 존중했던 괴테나 혁명을 통한 민주주의의 도래를 갈망했던 베토벤의 견해 모두 일리가 있다. 최초의 음악 프리랜서로서 경제적 자유를 실현해야 했던 베토벤의 처지 역시 그렇다.

그러나 하나 분명한 점은 베토벤은 자신의 신념을 그의 삶과 음악 모두에 담았다는 사실이다. 한 음악가로서 가장 치명적인 장애 속에서도 굴하지 않았던 베토벤의 의지와 그 정신을 음악으로 승화시켜 만인의 정신에까지 이르기를 바랐던 음악관은 결코 분리할 수 없는 그의 덕성이다. 그의 삶과 음악은 구분되는 것이 아닌 하나로 일치되는 것으로 '고통을 넘어 환희로' 그 자체였다.

이 날의 만남 이후 두 사람이 다시 만난 기록은 없다. 그럼에도 괴테는 여전히 베토벤의 음악을 사랑했고 베토벤 역시 괴테의 작품들을 변함없이 사랑했다. 이 만남을 영광스러운 추억으로 평생을 간직했을 것이다. 한 예술가나 작품에 대한 평가는 오롯이 바라보는 개인의 몫이다.

들으면서 읽는 베토벤

에그몬트 서곡, Op.84

지휘: 쿠르트 마주어, 라이프치히 게반트하우스 오케스트라

서주의 도입 부분은 영웅의 등장을 알리듯 오케스트라 총주에 의한 강력한 f음으로 시작된다. 하지만 곧 그의 비극적인 운명을 예고하듯이 현악기의 숭고하고 장엄한 선율이 이어지고, 목관악기가 가세한다. 그리고 첼로로 연인 클레르헨의 숭고한 희생과 백작의 정의로움을 표현한다. 그러나 이내 바이올린의 선율은 급격한 하강 행진하며 에그몬트의 형 집행이 임박했음을 알린다. 그러나 음악은 슬퍼하는 데 머무르지 않는다. 어둠을 극복하고 승리에 도달한 에그몬트를 축복하듯 화려한 피날레로 마무리된다.

• 함께 들어보면 좋을 베토벤의 서곡들

프로메테우스의 창조물, Op. 43

레오노레 1번, Op. 138

레오노레 2번, Op. 72 개정판

레오노레 3번, Op. 72 제3판

코리올란, Op. 62

아테네의 폐허, Op. 113

슈테판 왕, Op. 117

피텔리오, Op. 72

명명축일, Op. 115

헌당식, Op. 124

끝나지 않은 음악,
끝나지 않은 인생

진한 여운이 남는 곡

Ludwig van Beethoven

가장 복잡하고 심오한 작품

피아노 소나타 29번 내림나장조, *Op.106*, 〈함머클라비어〉

"해 뜨기 직전이 가장 어둡다"라는 말이 있다. 가장 힘든 시기에 내가 할 수 있는 일은 무엇일까? 나는 그저 꾸준히 하는 것에 해답이 있다고 말하고 싶다. 가수라면 시간을 정해 그 시간만큼은 컨디션이나 상황을 생각하지 않고 노래를 하고, 글을 쓰는 작가라면 정해진 시간 동안 앉아서 오롯이 글을 쓰는 것이다. 원하는 수준의 노래가 나오지 않아도, 글이 써지지 않아도 괜찮다. 그저 정해진 그 시간만큼은 이유도 변명도 없이 하고 또 해 보자.

꾸준함은 그 어떤 해결 방법보다 명확하고 정직하다. 초반엔 효과를 보지 못할지라도, 하루가 쌓여 한 달이 되고 일 년이 되면 결과는 결국 완연한 모습으로 나타난다.

고통의 끝에서 만난
자유

1815년 이후 베토벤의 상황은 그야말로 최악이었다. 베토벤을 재정적으로 뒷받침해 주던 후원자들이 침체된 경기 때문에 하나둘 떨어져 나가기 시작했다. 게다가 일 년 전 앓았던 염증을 동반한 기관지염은 여전히 떨어질 줄 몰랐고, 베토벤의 기력도 그만큼 부쩍 쇠약해져 있었다.

나빠진 상황만큼이나 그의 성격 또한 괴팍해졌다. 베토벤은 마을 사람들에게 걸핏하면 화를 내고 시비 붙기가 일쑤였으며 주먹다짐도 서슴지 않았다. 그의 정서는 불만과 의심으로 가득 차 있어 심지어 자신의 집안일을 돌봐주는 가정부에게 의자를 집어 던질 정도로 폭력성마저 심해졌다. 씻지도, 머리 손질도 하지 않아 늘 부스스하고 꾀죄죄한 차림새였으며 집 안 꼴은 돼지우리나 다름없었다. 이웃들의 원성 또한 끊이질 않았다.

그렇다. 베토벤은 이제 거의 듣지 못하게 되었다. 이젠 보청기도 무용지물이 되어서 바로 옆에 있는 사람과 대화를 나눌 때조차 글로 적어 이야기를 나눠야만 했다. 1815년 동생 카스파의 사망 이후, 동생의 부인 요한나와 조카 카를을 사이에 두고 벌이는 양육권 싸움 또한 끝을 보지 못하고 있었다. 인생에 있어 가장 고통스러운 나날을 보냈을 이 시기를 베토벤은 어떻게 이겨냈을까?

베토벤은 그저 작곡하고 또 작곡했다. "고통은 신성을 획득하는 관문"이라고 말했던 쇼펜하우어의 격언처럼 베토벤은 한 인간으로서 그 누구보다 깊은 고통을 경험했지만 그의 음악은 그의 운명과는 별개로 신성을 획득한 듯 더 심오해졌다. 이른바 '걸작의 숲'을 지나 영웅적인 모습을 떨쳐버리고 더 깊고 심오한 음악 세계로 접어들고 있었다. 베토벤 스스로가 자신의 음악의 목적을 '자유와 진보'라고 말했듯 말이다. 형식으로부터 완전히 해방되었고 그 이전에는 찾아볼 수 없는 완전히 새로운 독창적인 음악이 탄생하고 있었다.

가장 어렵고 복잡하며, 심오한 피아노 소나타

1815년부터 베토벤이 쉰여섯 살의 나이로 사망하기까지 작곡된 음악을 베토벤의 후기 음악1815~1826으로 분류하는데, 그 서막의 중심이 되는 작품이 바로 〈함머클라비어〉다. 흔히 베토벤의 3대 피아노 소나타로 〈비창〉, 〈월광〉, 〈열정〉을 꼽지만 그렇다고 해서 이 작품의 완성도나 예술성이 그에 미치지 못하는 것은 결코 아니다.

〈함머클라비어〉야말로 베토벤의 피아노 소나타 중 가장 중요한 작품 중 하나임과 동시에 가장 심오한 작품이다. 이 작품이 흔히 '함머클라비어'라는 별칭으로 불리는 데에는 이유가 있다. 베토벤은 자신의 작품 번호 101번 이후의 피아노 소나타는 이탈리아어 대신 독일어로 표기되기를 바랐다. 물론 '함머클라비어'는 특별한 의미가 아닌 독일어로 피아노를 뜻한다. 따라서 이후의 모든 소나타들이 함머클라비어 소나타이어야 할 테지만, 유독 이 작품만 〈함머클라비어〉로 불린다.

전체 4악장으로 이루어진 〈함머클라비어〉는 베토벤의 작품 중 가장 거대한 규모의 피아노 소나타로, 작품의 길이는 그 이전의 피아노 소나타들에 비해 거의 2배에 달하는 50분 남짓이다. 내용 면에 있어서는 그 이전의 영웅적인 모습에서 벗어나 난해한 기술로 심오하고 복잡해진 예술 세계를 드러내고 있다. 작품의 외면과 내면 모두에 있어 이전과는 구분되는 완전히 새로운 작품이 탄생했다. 그의 꾸준함이 빛을 발한 순간이었다.

이 작품은 실로 어렵고 복잡해 베토벤의 **디아벨리 왈츠에 의한 33개의 변주곡, Op. 120**과 함께 베토벤이 작곡한 피아노를 위한 작품 중에서 가장 어려운 곡으로 손꼽힌다. 1836년 리스트가 파리에서 연주한 것이 공식적인 초연 기록으로 남아 있는 것으로 미루어볼 때, 작곡된 후 18년 동안 이 곡을 연주할 수 있는 피아니스트가 단 한 명도 없었다는 것을 짐작할 수 있다.

들으면서 읽는 베토벤

피아노 소나타 29번 내림나장조, Op.106, 〈함머클라비어〉

피아노: 손열음

    1817년 11월에 첫 스케치가 시작되어 그로부터 2년 뒤인 1818년 3월경에 완성되었고, 1818년 10월 빈의 아르타리아사를 통해 출판되었다. 작품은 베토벤의 가장 충실한 후원자이자 제자이기도 한 루돌프 대공에게 후원되었다.

• 1악장: 알레그로 빠르게

    '딴다다 단단' 하는 리듬감이 느껴지고 강력한 화음으로 곡이 시작된다. 이어 같은 음형이지만 그와는 대비되는 여린 연주가 펼쳐진다. 이러한 강약의 대비는 악장 전체를 아우르며 확장된다.

• 2악장: 스케르초

    간주곡 성격을 띠는 스케르초 악장이다. 스케르초의 특징은 템포가 빠른 3박자, 격렬한 리듬, 기분의 급격한 변화 등의 특징을 가지고 있다. 2악장은 단순하지만 경쾌한 리듬들은 주제를 펼쳐 보이며 때론 유쾌하게 때론 냉소적으로 악상들을 이어 나간다.

- **3악장: 아다지오 소스테누토**느리게 한 음 한 음을 깊이 눌러서

사색적인 분위기의 느린 악장이다. 애잔함이 느껴지는 1주제가 등장하고 밝은 느낌의 2주제가 뒤따른다. 하지만 악장은 대부분이 슬픈 뉘앙스로 가득 차 있다. 음형은 잠시 밝은 기운을 되찾는 듯 하지만 이내 다시 빛을 잃고 어둠 속으로 가라앉는다.

- **4악장: 라르고**아주 느리게, **알레그로 리솔루토**단호하고 빠르게

느린 템포의 서주로 시작한다. 나른한 서주는 조금씩 생기를 찾아 어느새 빠른 템포의 쾌할한 연주로 발전한다. 템포의 극단적인 변화가 반복되며 피아노에 집중하게 하는 역할을 한다. 이어 바로크 음악의 전형인 푸가 기법이 등장해 쫓고 따라잡히는 듯한 현란한 음형으로 펼쳐진다. 피아노는 모든 테크닉을 총동원하여 절정을 향해 달려 나가고 마침내 최고조에 달했을 때 강렬한 연타와 함께 화려하게 마무리된다.

베토벤 음악의
축소판

디아벨리 왈츠에 의한 33개의 변주곡 다장조, *Op.120*

"너 티T야?" 요즘 젊은 사람들 사이에서 흔히들 쓰는 말로, 흔히 대화 중 상대방의 마음에 잘 공감하지 못하는 사람에게 쓰는 말이다. 좀 더 구체적으로 말하자면 "너 엠비티아이MBTI·성격 유형 검사 중에 티Thinking·사고형야?"의 줄임말로 "분위기 망치지 말고 제발 눈치 좀 챙겨줄래?"란 의미의 장난 섞인 핀잔이다.

중년의 나이가 되어서야 남의 이야기를 잘 들어주는 것이 얼마나 중요한지 깨닫고 있다. 누군가와의 만남에서 상대방이 내 이야기를 잘 들어주면 그렇게 좋을 수가 없다. 구구절절 말할수록 웬지 똑똑한 사람이 되는 것 같고, 거기에 상대가 잘 웃어주고 박수까지 쳐가며 맞장구까지 치면 '내가 이렇게 매력적인 사람이었나'

하는 생각에 이렇게 신날 수 없다. 마음 같아선 매일같이 이런 사람들만 만나고 싶다. 잘 들어주는 사람은 호감 중에 호감이다.

나는 가끔씩 스스로에게 "너 T야?"라는 질문을 던진다. 대화에 공감하지 못하거나 몰입하지 못할 때가 많다. '아 얘기가 이렇게 흘러가겠군' 하고 상대의 말을 다 들어보기도 전에 지레짐작하며 지루해하기도 하고, "잠깐 그건 아니지"라며 부정적인 뉘앙스를 더해 말을 잘라 먹기도 한다. 당시에는 못 느꼈지만 돌이켜 생각해 보면 '아 그 사람이 하고 싶었던 얘기는 그거였는데' 하는 아쉬운 생각이 들 때가 많다. 내가 잘 들으면 상대나 대화에 대해서 더 깊이 이해할 수 있고 덤으로 나도 그만큼 매력적인, 호감의 인물이 되었을 텐데 하고 말이다.

하나의 주제로 만든
서른세 개의 변주곡

모두들 베토벤을 떠올릴 때 괴팍하고 무서운 음악가의 모습을 떠올린다. 물론 예민하고 완벽주의적 성격에 주변 사람들을 힘들게 한 적도 많았다. 하지만 그런 모습만 있지는 않았다. 때로는 남의 부탁을 들어 줄 줄 아는 사람이었다.

빈의 음악 관련 출판업자인 안톤 디아벨리는 간단한 왈츠 주제를 하나 작곡한다. 그리곤 자신이 작곡한 이 짤막한 왈츠를 자신이 직접 선정한 당대의 내놓으라 하는 음악가들인 '가곡의 왕' 슈베르트, '피아니스트의 신' 리스트, 피아노 교본으로 유명한 체르니 등 50명의 음악가들에게 보내 각자 하나씩 변주곡을 작곡해 줄 것을 요청한다.

디아벨리의 계획은 이랬다. 빈, 더 나아가서 오스트리아를 대표하는 작곡가들의 작품을 하나로 엮어 출판해 거기서 얻게 될 수익금으로 나폴레옹이 일으킨 전쟁으로 인해 희생당한 미망인과 고아들을 위한 기금을 마련할 셈이었다. 덤으로 자신이 운영하는 출판사의 홍보 목적도 있었다. 이 대규모 프로젝트의 구성이나 취지 모두 오스트리아 국민들의 애국심을 자극했다.

디아벨리는 빈 최고의 음악가인 베토벤에게도 작곡을 제안했다. 하지만 베토벤의 반응은 심드렁했다. 작곡가도 아닌 출판업자 디아벨리가 작곡했다는 짧은 왈츠를 받아 본 베토벤은 한번 훑어보고 "마치 구둣방에 굴러다니는 가죽 쪼가리 같군"이라며 냉소를 감추지 않았다. 하지만 어떠한 이유에서였는지 베토벤은 마음을 고쳐먹고 디아벨리가 작곡한 그저 그런, 평범한 왈츠를 주제로 작품을 써주기로 약속한다.

당시 베토벤은 마흔아홉 살로, 나이나 음악에 있어 완연한 성숙기에 들어섰다. 거장 베토벤은 요구받은 하나의 변주곡이 아닌 무려 스물세 개의 변주곡을 작곡한다. 그리고 4년이라는 시간 동안 묵힌 뒤 거기에 열 곡의 변주곡을 더해 총 서른세 개로 이루어진 변주곡 작품을 완성하기에 이른다. 그리곤 악보의 첫머리에

"잘 알려진 독일 춤곡에 의한 웅대한 변주곡"이라고 손수 제목까지 붙혀 디아벨리에게 건네주었다. 베토벤은 직접 제목에 통상적으로 쓰는 이탈리아 음악 용어인 '변주곡Variationen' 대신 독일어인 '페어앤더룽엔Veränderungen', 변화 혹은 변용이란 단어를 써 자신의 작품이 디아벨리의 주제에 대한 단순한 변주곡이 아니라 주제의 본질만을 취해 한층 더 변화된 독창성이 가미된 작품임을 강조하고자 했다.

작곡을 완성한 해는 베토벤이 세상을 떠나기 불과 4년 전이었다. 이 곡에는 베토벤의 심오한 예술성이 고스란히 녹아 있다. 압도적인 규모를 보여 줌과 동시에 즉흥곡, 연습곡, 푸가, 스케르초 등의 다양한 형태로 변주하고 있으며 극단적인 다이나믹, 위트 등을 가미해 가히 베토벤이 구사할 수 있는 모든 작곡기법들을 망라하고 있다. **디아벨리 왈츠에 의한 33개의 변주곡 다장조, Op.120**은 명실공히 가장 위대한 변주곡 작품 중 하나로 베토벤 말년의 원숙미와 파격미 모두를 드러내고 있는 걸작 중의 걸작이라 할 수 있다.

미국의 피아니스트이자 음악학자인 에드워드 T.콘은 이렇게 말한다. 음악적 페르소나, 연주자와 청중을 잇는 일체감은 정당한 연주와 지적인 청취에서 나오는 근거가 확실한 구체적인 태도이다. 자기만의 사고 행로를 따라 상상 속에서 작품의 전개 과정을 주의 깊게 따르고, 음악의 속도와 흐름에 자신의 정신적 에너지를 맞춰 음악의 활기에 적극 참여하는 것이다. 쉽게 풀어 말하자면 이상적인 음악 감상법이란 듣는 이가 음악의 흐름에 온전히 자신의 몸과 마음을 맡기고, 음악이 이끌어 내는 속도와 흐름에 수동적인 자세가 아닌 적극적인 자세로 활기롭게 동참하는 것이다.

음악 감상뿐만 아니라 타인과의 대화에서도 에드워드T.콘의 말처럼 상대의 속도와 흐름에 나를 맡기고 이야기가 만들어 내는 활기에 적극 동참해 보면 어떨까.

들으면서 읽는 베토벤

디아벨리 왈츠에 의한 33개의 변주곡 다장조, Op.120

피아노: 보리스 베레조프스키

1819년 작곡에 착수해 4년 뒤인 1823년에 완성되었다. 이 시기는 베토벤 인생 말년이자 음악적 원숙기로, 베토벤의 심오한 예술성이 고스란히 녹아 있는 곡이다. 그 당시에는 높은 난이도 때문에 잘 연주되지 않다가, 20세기 후반에 관심을 받았고, 지금은 매우 활발히 연주되고 있는 곡이다.

변주곡Variation이란 어떤 주제를 설정하고 그것을 여러 형태로 변형시켜 이루어진 악곡 양식을 의미한다. 수많은 작곡가들이 다양한 변주곡을 남겼지만, **디아벨리 왈츠에 의한 33개의 변주곡 다장조, Op.120**은 바흐의 **골드베르크 변주곡, BWV.988**과 함께 역사상 가장 위대한 건반악기의 변주곡으로 평가받고 있다.

디아벨리가 제시했던 3박자의 왈츠 주제가 제시되면 이어 다양한 형태로 변형된 서른세 개의 변주가 뒤따른다. 베토벤은 첫 번째 변주부터 행진곡 풍의 4박자로 엄숙하게 바꾸어 변주하는가 하면 22번째의 변주에선 모차르트의 오페라 《돈조반니》에서 선율을 가져와 차용하기도 했다. 마지막에 이르러서는 기존의 관례인 푸가 대신 산뜻한 미뉴에트를 배치시키는 등 파격적인 실험정신을 보여 주는 곡이다. 이를 두고 음악사가 그라우트는 "숭고한 것과 기괴한 것, 심원한 것과 소박한 것이 함께 공존한다"라고 평했으며, 지휘자 한스 폰 뷜로는 '베토벤 예술의 축소판'이라고 평가했다.

"신은 결코 나를
버리지 않았다"

장엄 미사 라장조, *Op.123*

　우리가 신을 찾는 순간은 언제일까? 물론 개인의 경험, 가치관, 정서적인 상태 등이 영향을 미치겠지만, 의지와 안정을 위해서가 아닐까 생각한다. 신은 오래 전부터 항상 인간 옆에 있었다. 그 대상이 무엇인지는 항상 다르지만, 위로와 위안을 줄 때도 있고 우리를 하나로 묶어 주는 역할을 해 왔다. 그렇다면 종교 음악의 목적은 무엇일까? 종교 음악은 가장 오래된 음악 형태 중 하나로, 종교적인 신념을 담은 음악이기도 하며, 종교의 역할 중 하나인 인간을 하나로 묶어 주는 데 중요한 역할을 하는 음악이다.

　베토벤은 전 생애에 걸쳐 거의 전 장르의 작품을 작곡했지만, 종교 음악의 작품 수는 그렇게 많지 않다. 종교 음악의 가장 대표

장르라고 할 만한 미사가톨릭의 가장 중심이 되는 예식곡은 평생에 걸쳐 겨우 두 곡밖에 쓰지 않았다. 그중 하나는 베토벤이 서른여섯 살에 작곡한 **다장조 미사, Op. 86**이고 다른 하나는 그 유명한 **장엄 미사 라장조, Op.123**다.

그 이유는 베토벤이 자유 예술가였기에 그렇다. 궁중 음악가들은 그들이 모시는 군주가 참석하는 미사를 위해 다양한 형식의 종교 음악을 작곡해야 했지만 자유 음악가인 베토벤에겐 그럴 기회가 많지 않았기 때문이다. 한편으로는 평생 주변 사람들과 잘 어울리지 못했던 베토벤이 말년에 가서 자신이 원하던 평화와 화해의 모습을 음악으로 표현하고 싶었던 것은 아닐까 생각한다.

치밀하게 계획된
최고의 작품을 위해서

1819년 베토벤은 루돌프 대공이 다음 해인 1820년 3월 9일 추기경으로 영전해 체코 올로모우츠의 대주교로 임명될 것이라는 소식을 듣게 된다. 그렇다, 바로 베토벤의 피아노 제자이자 베토벤을 평생에 걸쳐 후원했던 그 루돌프 대공이다.

하느님께서 부디 나에게 은총을 내리시어 나의 미약한 재능을 통해 그날의 엄숙한 예식에 조금이나마 보탬이 되기를 바라는 마음입니다.

베토벤

베토벤은 자신의 일처럼 기뻤을 것이다. 루돌프 대공, 아니 루돌프 추기경이 당당히 여러 사제들을 거느리고 장엄미사를 집전하는 모습을 상상하는 것만으로, 이미 베토벤의 머릿속에선 자신이 상상할 수 있는 가장 아름답고 거룩한 입당송사제가 입당할 때 동반되는 기도문이나 노래이 메아리치고 있었을 것이다.

장엄미사란 가톨릭의 규모가 큰 미사를 일컫는 말로 미사 대부분을 노래와 함께 드리며 거룩하고 성대하게 거행된다. 그 성대한 미사에 쓰이는 음악이 바로 장엄미사곡이다. 곧바로 작곡에 착수한 베토벤은 그 이듬해인 1820년 장엄미사의 첫 곡인 '키리에Kyrie, 자비송'와 두 번째 곡인 '글로리아Gloria, 대영광송'까지는 작곡을 마쳤다. 하지만 예상되는 곡의 규모로 볼 때 이 속도로는 도저히 미사가 열리는 1820년 3월 9일까지 모든 곡을 완성할 자신이 없었다.

게을러서가 아니었다. 베토벤은 선배 음악가들, 미사곡의 대가인 하이든이나 모차르트의 작품을 답습하고 싶지 않았다. 이전에는 존재하지 않았던 완전히 독창적인 작품을, 대위법적으로는 정밀한 스위스의 시계처럼 치밀하게 설계 조직된 최고의 작품을 쓰고야 말겠다고 열망했다.

저에게 있어 음악의 목표는 인류를 통해 신의 광채를 퍼트리는 것입니다.

1821년 베토벤이 루돌프 대공에게 보낸 편지

베토벤의 후원자 루돌프 대공은 누구보다 이 상황을 깊이 이해했다. 베토벤이 여느 작곡가들처럼 그저 진상하기 위한 작품을 만드는 것이 아닌 자신을 위해 더 나아가 세상의 모든 이들을 위한 걸작을 창작하고 있다는 사실을 말이다.

베토벤은 루돌프 대공의 서고에 쌓인 옛 수도사제들의 노래부터 다양한 종류의 전례 음악을 탐독했고, 미사를 거행할 때 쓰는 라틴어로 된 기도문인 미사통상문을 세세하게 연구했다. 정확한 뜻은 무엇인지, 어떤 뉘앙스로 어떻게 발음되는지 그리고 어떻게 성악과 결합되어야 하는지 등 그 무엇 하나 빼놓지 않았다. 청년 시절 살리에리로부터 어떻게 이탈리아어가 오페라의 음악과 결합해야 하는지에 대해 공부했던 것과 같은 방식이었다. 베토벤이 최고의 음악가라 여겼던 바로크의 음악가 바흐와 헨델의 작품에 대한 연구 또한 게을리 하지 않았다.

작품은 약 4년간의 숙성을 거쳐 1823년 3월에 탄생되었고, 루돌프 대공이 대주교로 취임된 지 3년이 되던 날 당사자인 루돌프 추기경에게 헌정되었다. 작품의 초연은 1824년 5월 7일 베토벤의 마지막 역작이었던 〈합창〉과 함께 이루어졌다. 하지만 당시 오스트리아는 교회 음악이 공공연주에서 발표되는 것을 엄격히 금지하고 있었다. 따라서 '세 개의 대 찬송가'라는 이름으로 Kyrie자비송, Gloria대영광송, Agnus Dei하느님의 어린양 딱 세 곡만이 공연될 수 있었다.

연주 시간이 90분에 달하는 **장엄 미사 라장조, Op. 123**는 실제 미사에서 연주되는 전례용이 아닌 연주회용 미사곡으로 분류된다. 이 곡은 베토벤 최고의 걸작 중 하나임과 동시에 바흐가 남긴 **나단조 미사 BWV 232**와 더불어 음악사상 가장 위대한 미사곡으로 손꼽히고 있다.

　　〈합창〉과 마찬가지로 이 미사곡의 가창 난이도는 극악이다. '대영광송'과 신앙 고백 후반부의 푸가는 특히 심한데, 전자는 빠른 대선율 처리가 특히 힘들고 후자는 한술 더 떠 베이스 파트에서 엄청나게 길게 끄는 음이 등장하는 등 웬만한 사람들은 이해 못할 목소리 처리가 곳곳에 나온다. 이 때문에 브람스의 독일 레퀴엠과 함께 최상급 합창단의 역량을 확인할 수 있는 곡으로 손꼽히는데, 물론 독창자들에게 주어지는 가창 대목도 어렵기는 마찬가지이지만 아무래도 합창의 비중이 좀 더 높은 편이다.

들으면서 읽는 베토벤

장엄 미사 라장조, Op.123

오케스트라: 드레스덴 슈타츠카펠레

종교 음악이기 때문에 가톨릭 전례 형식을 준수하는 대목도 있지만, 그렇지 않은 부분도 꽤 많다. 전곡 연주 시간이 80~90분 정도인 대작이다. 악기는 플루트 2, 오보에 2, 클라리넷 2, 바순 2, 콘트라바순, 호른 4, 트럼펫 2, 트롬본 3, 팀파니, 오르간, 현 5부제1바이올린-제2바이올린-비올라-첼로-콘트라베이스로 구성되어 있고, 성악진은 소프라노-알토-테너-베이스혹은 베이스바리톤 독창과 혼성 4부 합창소프라노-알토-테너-베이스으로 구성된다.

• 1곡: 자비송

트롬본을 제외한 전 오케스트라의 총주로 시작한다. 합창이 첫 소절인 '주님 자비를 베푸소서'를 선창하면 이에 테너 독창이 교창의 형태로 화답한다. 이어 같은 가사와 악상이 합창과 소프라노 독창에 의해 반복되고, 알토 독창 역시 같은 가사와 악상의 '주님 자비를 베푸소서'를 노래한다. 이어 독창자들이 '그리스도님, 자비를 베푸소서'를 노래하면 합창이 가세한다.

• 2곡: 대영광송

자비송과 대비되는 빠르고 화려한 서주가 흐른 뒤 합창의 알토 파트가 첫 소절 '하늘 높은 데서는 하느님께 영광'을 노래한다. 이어 중간부의 '세상의 죄를 없애시는 주님, 저희에게 자비를 베푸소서' 대목에선 느린 템포를 적용함으로써 인간의 간절함을 표현한다. 후반부의 '아버지 하느님의 영광 안에 계시나이다' 부분은 정교한 푸가로 작곡되어 있어 반복되는 가사와 함께 조화롭게 일체감을 이룬다.

• 3곡: 사도신경

관현악의 서주가 흐른 뒤 합창의 베이스가 신앙을 고백하는 내용을 노래한다. 이어 다른 파트도 뒤를 이으며 푸가의 연주가 합세된다. 테너 독창이 '성령으로 인하여 동정녀 마리아께 잉태되어 나시고'를 이어 부르면 소프라노와 알토의 독창이 함께 따라 노래한다. 사도신경의 기도문 중 '성부 오른편에 앉으시며'의 부분에서 음악은 절정을 이루고, 종결부에 이르면 네 명의 독창자와 함께 합창의 '아멘'으로 곡이 마무리된다.

• 4곡: 거룩하시도다

평화로운 반주 위에 독창자들이 '거룩하시도다'를 나지막히 노래하면, 합창단은 '하늘과 땅에 가득찬 그 영광! 높은 데서 호산나!'를 부르며 분위기를 반전시킨다.

• 5곡: 하느님의 어린양

주님께 자비를 간구하는 마음을 담아 '하느님의 어린양, 세상의 죄를 없애시는 주님, 자비를 베푸소서'를 노래하는데, 이때 1곡 자비송과 마찬가지로 차분한 음악을 입혀 인간이 신 앞에서 얼마나 나약한지를 보여 준다. 그러나 '평화를 주소서'라는 가사에 들어서면 음악은 다시 밝고 희망찬 분위기로 반전되고, 독창자들과 합창은 기쁘고 쾌활하게 노래한다.

전율과 감동이 느껴지는
최고의 작품

교향곡 9번, *Op.125*, 〈합창〉

나에겐 해를 거르지 않고 적어도 일 년에 한 번은 반드시 찾아 듣는 클래식 음악이 있다. 바로 베토벤의 〈합창〉이다. 전체 악장 모두 좋지만 엄밀히 말하자면 4악장의 오케스트라 총주와 함께 터져 나오는 '대 합창'을 듣기 위해서다. 설령 지휘자나 오케스트라의 실력이 최고가 아니어도 괜찮다. 어느 지휘자, 연주단체가 연주하더라도 1, 2, 3 악장의 오랜 기다림 끝에 모든 합창단원이 기립해 오케스트라의 총주와 함께 노래하는 합창 부분에선 언제나 내가 느낄 수 있는 최대치의 전율을 느낀다.

비단 나뿐만 아니라 수많은 사람들이 〈합창〉에서 내가 느낀 전율과 감동을 느끼는 것이 틀림없다. 성탄 시즌이 지나고 연말이

오면, 전국 거의 모든 도시에서 〈합창〉 공연이 열린다. '왜 연말엔 꼭 〈합창〉이어야 할까?' 혹은 '작품의 내용이 연말과 특별한 관계라도 있는 걸까?'라는 의문을 가져본 독자들도 있을 것이다.

자, 여러분이 오케스트라의 지휘자나 극장의 제작자라고 가정해 보자. 한 해 중 가장 큰 관심이 쏠리는 행사인 송년 음악회, 제야 음악회의 레퍼토리를 무엇으로 정하겠는가? 아마 크고 웅장한, 그러면서도 세대를 가리지 않고 모두에게 감동과 희망의 메시지를 줄 수 있는 가장 위대한 작품으로 선정하지 않을까. 그러한 작품이 바로 〈합창〉이다. 베토벤의 음악은 지금도 우리에게 감동을 주고 있으며, 앞으로도 마찬가지일 것이다.

들리지 않는 귀로 만든
세계 최고의 작품

베토벤이 〈합창〉을 완성한 때는 그의 나이 쉰세 살, 1824년 2월의 일이었지만 1790년, 1817년에 베토벤이 작곡을 구상했던 증거로 여겨지는 스케치들이 남아 있다. 본격적인 작곡에 착수한 해는 1812년이었고 실러의 시 '환희의 송가'에 곡을 붙이려고 결심한 것은 피셰니히가 실러의 부인에게 보낸 편지를 보면 알 수 있듯이 1793년이었다. 그러니 베토벤이 〈합창〉을 완성하기까지 적어도 30년의 세월을 들인 셈이다.

실러의 '환희의 송가'에 음악을 붙인다고 했습니다. 완벽한 작품이 나오리라 기대합니다. 내가 아는 베토벤은 위대함과 숭고함에 헌신하는 사람이 분명합니다.

1793년 실러의 제자 피세니히가 실러의 부인 샤를로트에게 보낸 편지 중

〈합창〉은 베토벤이 작곡한 마지막 교향곡으로 완전히 청력을 상실한 상태에서 작곡, 완성한 작품으로 4악장에 등장하는 '환희의 송가'는 그 멜로디를 모르는 사람이 없을 정도로 유명하다. 교향곡은 오케스트라로 연주되는 기악 장르인데 특이하게 기악에 성악, 합창이 더해 있다. 기악 장르인 교향곡의 어원은 심포니 '함께 울리다'에 있다. 하지만 베토벤은 모든 소리가 진정 함께 울린다는 데 의미를 두어 이전에는 시도되지 않았던, 악기인 오케스트라와 사람이 노래하는 합창을 함께 연주하게 해 장르와 경계를 뛰어 넘는 교향곡을 최초로 완성했다.

교향곡에 합창, 노래가 있는 것에는 큰 의미가 있다. 노래가 있다는 것은 가사가 있다는 것이고, 가사가 있다는 것은 곡을 통해 반드시 전하고 싶은 명확하고 구체적인 메시지가 있다는 것을 의미한다.

마침내 맛 본
환희의 음악

그리고 마침내 1824년 5월 7일 오스트리아 빈의 케른트너토르

일생에 한번은 베토벤을 들어라

극장에서 〈합창〉의 초연이 열렸다. 베토벤은 이제 시력까지 나빠져 극심한 통증과 함께 이중으로 안경을 써야 했고 더 이상 아무런 소리도 들리지 않았다. 하지만 마음의 귀로 작곡한, 그의 마지막 교향곡을 지휘하기 위해 베토벤은 또 다른 지휘자와 함께 포디엄지휘자가 오르는 단에 올랐다. 베토벤의 지휘를 읽어 실질적으로 대신 지휘해 줄 지휘자가 필요했기 때문이었다. 베토벤은 오케스트라의 소리 대신 단원들의 연주 모습을 읽어가며 지휘를 했고 그의 초인적인 의지와 예술혼에 관객은 열광했다.

　마침내 4악장, 오케스트라의 총주와 함께 그가 30년 전부터 그토록 세상에 외치고 싶었던, 그 유명한 합창 '환희의 송가'가 울려 퍼졌다. 대단원의 막이 내리자 음악회장은 우레와 같은 박수와 환호, 환희로 가득 찼다. 하지만 그러는 동안에도 베토벤은 여전히 악보만 주시하고 있었다. 아무것도 듣지 못했던 것이다. 이를 알아챈 알토 독창자가 베토벤의 옷깃을 잡아 객석을 향해 몸을 돌려주었다. 그러자 객석의 환호와 함성은 몇 배나 더 커졌고 아무것도 듣지 못하는 베토벤을 위해 청중들은 모자와 손수건까지 흔들어 보이며 갈채를 보내 주었다.

　베토벤은 천재 피아니스트였지만 어느 날부터 연주할 수 없었고, 그 누구보다 예민한 귀를 가졌던 음악가였지만 단 하나의 음도 들을 수 없었다. 그러나 음악과 삶에 대한 의지와 사랑을 굽히지 않았기에 그의 머릿속을 부유하던 음악은 완벽한 하모니가 되어 세상 밖으로 나올 수 있었다.

전 인류가 차별과 억압의 굴레를 떨치고 마침내 평등하고 자유롭게 화합하길 바라는 그의 사상은 음악이라는 예술로 승화되었다. 그 사상과 음악은 관객들에게 전율과 감동을 주었으며, 그 감동은 지금도 여전히 세대를 거치며 아름다운 음악으로 전해지고 있다. 이것이 바로 "나의 사상자유와 평등은 음악을 통해 사람들의 정신에 도달할 수 있다"라는 베토벤의 음악관인 것이다.

베토벤은 절망 가운데서도 무엇으로 그토록 강해질 수 있었을까? 베토벤이 삶으로 몸소 보여준 인간의 자유와 존엄은 운명에 굴복하지 않는 의지적 자유이며 존재의 존엄을 위해 자신의 음악적 재능을 열정적으로 소진한 것이다.

들으면서 읽는 베토벤

교향곡 9번, Op.125, 〈합창〉
지휘: 정명훈, 원 코리아 오케스트라, 합창단: 고향시립합창단, 서울모테트합창단

베토벤의 자필 악보는 현재 '유네스코 세계 기록유산'으로 지정되어 있으며 4악장의 주제선율은 유럽연합의 공식 찬가로 사용되고 있다. 2003년 영국 소더비 경매장에서는 1824년 초연 당시 쓰였던 465쪽 분량의 악보가 약 210만 파운드약 37억에 팔린 기록이 있다. 베토벤의 수정 흔적이 약간 남아 있는 필사본이었던 걸 감안한다면 이 작품의 역사적 가치를 짐작할 수 있다.

• 1악장: 알레그로 마 논 트로포 운 포코 마에스토소명랑하지만 과하지 않고, 약간 위엄 있게

마치 아무것도 존재하지 상태를 표현하는 듯한 적막 속에서 고요하고 신비한 목관의 화음이 서주를 도입한다. 제1주제의 선율이 우주의 빅뱅을 알리듯 거대한 강렬한 사운드가 등장하고 이어그에 대비되는 어둡고 무거운 제 2주제가 이어진다.

• 2악장: 몰토 비바체매우 활기차게

5악장 - 끝나지 않은 음악, 끝나지 않은 인생

1악장과 대비를 이루어 활기찬 분위기로 반전된다. 목관으로부터의 주제는 호른의 쾌활한 선율로 이어지고 현이 가세한다. 강렬한 음색과 음량의 티파니가 등장하여 쾌활함은 조롱과 냉소적인 분위기를 자아낸다.

• 3악장: 아다지오 몰토 에 칸타빌레매우 느리게, 그리고 노래하듯이

마치 사람의 목소리로 노래하는 듯한 아름답고도 숭고한 선율이 바이올린과 비올라에 의해 연주되며, 세련되고 정열적이며 시성으로 가득 찬 악장이다.

• 4악장: 프레스토빠르게

앞서 등장했던 1, 2, 3악장들의 주제가 차례로 등장하고 이에 첼로와 콘트라베이스가 마치 사람의 목소리를 표현하듯 화답한다. 이는 긍정이 아닌 부정의 응답으로, 더 밝고 좋은 음악이 나오기를 바라는 의도를 포함한다. 마침내 환희의 주제가 고개를 들어내면 베이스 독창자가 일어나 "오, 친구들이여! 이런 선율들이 아니오! 더 즐겁고 환희에 찬 선율을 노래합시다!"라고 말한다. 기악과 성악의 구분이 사라지며 베이스 독창자는 '모든 인간은 한 형제'라는 주제의 〈환희의 송가〉를 노래한다. 숭고하고도 압도적인 합창이 그에 가세하면 기악과 성악가, 더 나아가 공간과 청중마저 합일을 이룬다.

음악 속에서 비로소
자유로워지다

현악 사중주 16번 바장조, *Op.135*

살면서 자유가 얼마나 중요한 것인지를 자주 느낀다. 나이를
먹을수록 자유보다는 책임감에 집중하게 된다. 어찌 보면 당연한
일이다. 가정이 생겼다면 내가 아닌 나와 가족을 위한 인생을 꾸
려 나가게 되고, 직장에서 어느 정도 위치에 올랐다면 그 책임을
다할 수밖에 없다. 그 속에서 찾는 행복 역시 정말 크다.

하지만 가끔은 그러한 책임감이 나를 답답하게 만드는 상황이
생긴다. 떠나고 싶어도 떠나지 못하고, 나보다는 다른 사람을 먼
저 생각해야 한다는 현실이 괴로울 수 있다. 이럴 때 도피처가 필
요하다. 그것은 어떤 장소가 될 수도 있고, 어떤 행위가 될 수도
있다. 나에게는 음악이 그러한 역할을 해 준다. 복잡하고 어려운

상황이 닥쳤을 때, 잠시라도 시간을 내 온전히 클래식 음악에 집중하는 시간을 가진다. 그러다 보면 큰일이라고 생각했던 일이 별일 아닌 것처럼 느껴지고, 해결할 실마리를 스스로에게서 찾아 내기도 한다.

복잡한 현실을 잊는
끊임없는 작곡

1824년 6월, 베토벤의 기분은 〈전원〉 1악장의 제목처럼 '시골에 도착했을 때' 느낄 수 있는 유쾌함으로 가득했을 것이다. 유쾌함의 동의어가 행복이라면 말이다. 자신의 역작이 되리라 믿어 의심치 않았던 **장엄 미사 라장조, Op.123**도 매우 만족할 만한 작품으로 완성됐고 〈합창〉을 통해 지난 30년의 결실을 맺었다. 이젠 느긋한 마음으로 대작들의 초연 준비로 미루던 갈라친 공작이 의뢰했던 현악 사중주에만 몰두하면 됐다.

공작은 베토벤에게 작품을 의뢰할 때 "한두 곡 내지는 세 곡"이라는 말을 덧붙여 베토벤의 건강 및 사정을 배려하는 것을 잊지 않았다. 하지만 베토벤은 세 작품을 빠른 속도로 작곡해 냈다. 경지에 오른 작곡가의 창작력이었을까, 아니면 생이 얼마 남지 않은 한 인간의 '라스트 댄스'였을까. 베토벤은 1825년 1월 **현악 사중주 12번 내림마장조, Op.127**을 완성했고 연이어 7월에는 **현악 사중주 15번 가단조, Op.132**을, 11월에는 **현악 사중주 13번 내림마장**

조, Op. 130을 완성했다. 이 작품들 모두 심오하고도 복잡해 베토벤은 바흐나 헨델조차도 구사할 수 없을 것 같은 정밀하게 직조된 대위법을 구사했다. 그럼에도 각각의 작품은 4악장, 3악장, 6악장의 각기 다른 구성으로 작곡되는 등 형식에 있어서는 한없이 자유로웠다.

그러나 베토벤에게 평화로운 시기는 없었다. 5년 전 마침내 조카의 양육권을 손에 넣은 베토벤이었지만 카를과의 갈등은 끊이는 날이 없었다. 카를은 직업군인이 되겠다 선언했지만 베토벤은 결사 반대했다. 조카 카를에 대한 베토벤의 사랑은 집착에 가까워 자신의 말에 따르지 않기라도 하면 등록금을 내주지 않겠다고 으름장을 놓기도 했고, 사람을 붙여 조카의 일거수일투족을 감시하는 데도 거리낌이 없을 정도였다. 그 사이 베토벤은 의뢰와는 상관없이 1826년 여름 **현악 사중주 14번, Op. 131**을 작곡했다.

삼촌 베토벤의 집착과 압박을 견딜 수 없었던 카를은 권총을 두 자루에 총알을 장전한 뒤 자신의 머리를 향해 방아쇠를 당기고야 만다. 카를은 그 자리에서 피를 흘리고 쓰러졌지만 천만다행으로 생명에는 지장이 없었다.

이 사건의 충격으로 베토벤의 심신은 급격히 쇠락해졌다. 왜 그런 극단적인 선택을 했느냐는 판사의 추궁에 "삼촌 베토벤의 학대 때문"이라고 카를이 단호히 대답했던 사실을 베토벤이 모를 리가 없었기 때문이다. 1826년 9월 베토벤의 동생 요한은 베토벤과 카를을 크렘스에 있는 자신의 저택으로 초대한다. 빈으로부터 80킬로미터 떨어진, 볕 좋고 포도나무가 자라는 이곳에서라면 베토벤과 카를 모두에게 화해와 회복의 시간이 될 것이라 생각했다.

이곳에서 베토벤의 일과는 어땠을까? 그렇다. 역시 오전 6시경 일어나 60알의 커피로 우려진 진한 커피 한 잔을 내려 마시곤 작곡에 전념했다. 이때 완성된 작품이 **현악 사중주 16번 바장조, Op.135**이다. 복통과 위장병에 시달리던, 귀가 안 들리고 조카로부터 씻을 수 없는 상처를 받았던 베토벤은 쓰고 또 썼다.

"그래야만 했을까? 그래야만 했다!"

이렇게 작곡된 작품은 베토벤의 어떤 음악적 페르소나가 담겨 있을까? 슬픔이나 고뇌에 관한 것이 아니었다. 작품은 매우 단순하고 상냥한 것으로 우아함과 정겨움, 유쾌함과 단아함으로 점철되어 있다. 마치 모든 것에 안도하며 감사하는 한 인간의 순응적인 태도를 떠올리게 한다.

그런데 재미있는 사실은 베토벤이 4악장의 첫머리에 의미심장한 부제와 메모를 직접 달아 놓았다는 것이다. 베토벤은 첫머리에 "힘겹게 내린 결심"이라고 적었다. 그리고 그라베grave라고 표시된 2분의 3박자의 무거운 주제의 음표 밑에 "그래야만 했을까?"라고 적고, 이어지는 알레그로allegro의 밝고 명랑한 주제의 음표 아래에는 "그래야만 했다!"라고 직접 답을 써 놓았다.

이 선문답 같은 몇 마디는 많은 추측을 불러일으켰다. 당시 가정부의 급료 인상을 두고 고민하던 베토벤이 "가정부의 급료를 그렇게 주어야만 했나? 그래야만 했다!"라고 적어 둔 것이라는 이야기도 있고, 조카 카를에 관한 고민이었을 것이라는 설도 있다. 진상은 베토벤만 알겠지만 나에게는 인생과 음악에 관한 것으로 여겨진다. 자신의 삶에 태도에 관한 것일 수도, 작법의 당위에 관한 것일 수도 있다.

사실 베토벤은 정말 힘들었을 것이다. 어찌 보면 말년까지 주변 상황이 자신을 도와주지 않는다고 느꼈을지도 모른다. 하지만 그는 음악에서만큼은 자유로웠다. 물론 절망스러운 상황을 이겨내고자 하는 마음이 모두 사라져 해탈의 경지에 올라 이런 곡을 쓴 것일지도 모른다. 그는 바꿀 수 없는 현실을 음악 속에서라도 바꾸고 싶었던 게 아닐까.

들으면서 읽는 베토벤

현악 사중주 16번 바장조, Op.135
현악 사중주단: 아리엘 콰르텟

베토벤이 남긴 마지막으로 작품으로 베토벤의 말년에 작곡된 후기 현악 사중주에 비해 규모가 작은 것이 특징이다. 이 작품 이후에 **현악 사중주 13번 내림마장조, Op.130**의 마지막 악장을 작곡하긴 했으나 **현악 사중주 16번 바장조, Op. 135**을 베토벤의 마지막 작품으로 보는 것이 옳다.

• 1악장: 알레그레토조금 빠르게

첼로의 무거운 서주가 흐른 뒤 밝고 빠른 악장이 전개된다. 밝고 상냥한 악상들이 유쾌하고 장난스럽게 펼쳐진다.

• 2악장: 비바체아주 빠르게

매우 빠르고 활기가 느껴지는 악장이다. 베일 듯한 날카로운 리듬이 빠른 템포를 타고 현란하게 연주된다. 베토벤이 별도의 지시어를 남기진 않았으나, 익살스러운 스케르초가 연상되는 악장이다.

• 3악장: 렌토 아사이 칸탄테 에 트란퀼로매우 느리게 노래하듯이

2악장과 대조를 이루는 느긋하고 조용한 악장이다. 애잔한 선율이 등장하고 이 음형들은 변주를 거듭하며 우리를 깊은 사색으로 인도한다.

• 4악장: 알레그로 그라베빠르고 웅장하게

서주에 이어 비올라와 첼로가 연주하는 '그래야만 하는가?'의 물음의 주제가 등장한다. 이에 바이올린은 온화하게 화답한다. 악상은 점차 빠른 템포로 변하며 질문과 대답을 반복하는데, 알레그로에 들어서자 바이올린은 마침내 결심이라도 한 듯 '그래야만 한다'의 악상을 단호한 연주하며 피날레로 돌입한다. 해답을 찾은 악상들은 순수한 기쁨으로 경쾌하게 끝을 맺는다.

결국 전하지 못한
마음

멀리 있는 연인에게, *Op.98*

    베토벤이 세상을 떠나고 난 뒤 그의 유품 중 부쳐지지 않은 세 통의 편지가 발견되었다. 7월 6일 오전과 저녁 그리고 다음 날인 7월 7일 아침에 쓴 편지들이 베토벤 서랍장 한편에 잠들어 있었던 것이다.

    베토벤은 편지 속에서 상대를 "나의 천사, 나의 전부, 나 자신"으로 또 "불멸의 연인"이라는 애칭으로 간지럽고 애절하게 부르고 있었다. 꿀이 뚝뚝 떨어지는 내용으로 미루어 볼 때 분명 베토벤이 사랑하는 연인에게 보내는 연애편지임이 분명했다. 그런데 편지엔 수취인의 이름도, 목적도 쓰여 있지 않았다. 보통 우리는 편지를 쓸 때 몇 년도에, 어디에서, 누가 썼는지를 빼놓지 않는다.

예를 들면 "7월 6일 포옹과 입맞춤을 담아 서울에서, 아무개가" 이런 식으로 말이다. 그런데 이 편지들엔 작성된 연도도, 도시의 이름도, 받는 사람의 이름도 없었다. 아마 베토벤은 애초에 이 편지들을 부치지 않을 생각이었을 가능성이 높다.

베토벤에 관해선 하나의 실오라기라도 더 발견하고자 혈안이 되어 있는 학자들에겐 대단한 연구거리가 아닐 수 없다. 만약 이 편지의 주인공이 밝혀진다면 베토벤의 애정사뿐만 아니라 그의 일생과 음악에 관한 상관관계를 연구하는 데 있어 무척 중요한 사료가 될 것이기 때문이다.

다행히 편지에는 몇 개의 단서가 있었다. 우선 첫 번째 편지의 "아침 4시에 여기에 도착했소"라는 구절과 두 번째 편지의 "잘 주무시오. 목욕하러 온 사람으로서 나는 이만 자야 하오"라는 구절로 미루어보았을 때 당시 베토벤은 온천 여행 중이었음을 추측할 수 있었다.

그리고 두 번째 편지의 첫머리에 "월요일 저녁 7월 6일"이란 구절이 있는데, 베토벤이 7월 6일이 월요일이었던 해에 여행을 떠났으며 또 동시에 여인들과 교류를 가졌던 해를 단서로 추적한 바, 마침내 1812년이었다는 것을 밝혀 냈다. 이런 단서들의 조합으로 음악학자들은 이 편지의 주인공으로 한 여인을 지목했다. 바로 안토니오 브렌타노였다.

또 한 번의
이룰 수 없는 사랑

안토니 브레타노는 1810년부터 베토벤과 인연을 맺었다. 독일 프랑크푸르트에 살던 그녀는 빈에 살던 아버지가 돌아가시자 그의 유품을 정리하러 빈으로 왔고 이때 베토벤을 만난다. 예술을 사랑했던 그녀는 위대한 예술가 베토벤에게 강한 끌림을 느꼈고 그 감정은 금세 사랑의 감정으로 번져 나갔다. 베토벤 역시 그랬다.

당시 베토벤은 마흔 살이었고, 안토니는 그보다 열 살 어린 서른 살이었다. 하지만 그녀는 유부녀였다. 남편은 부유한 상인이었는데, 그 역시 부인 안토니와 함께 베토벤을 알게 되었고 둘은 친구가 되었다. 당시 안토니는 베토벤에게 청혼까지 했던 것으로 알려져 있는데, 베토벤은 받아들이지 않은 것 같다. 평소 그의 연애 패턴처럼 이번에도 힘든 사랑을 시작했고 이내 장애가 닥쳐오자 순순히 물러났을 것이다. 그렇게 브렌타노 부부는 독일 프랑크푸르트로 돌아가 버렸고 둘의 관계도 끝났다. 하지만 베토벤과 안토니는 이후에도 지속적으로 서신을 주고받았다.

그 유명한 **디아벨리 왈츠에 의한 33개의 변주곡, Op. 120**의 헌정자가 바로 안토니였고 그녀의 딸 막시밀리안은 베토벤으로부터 **피아노 소나타 30번 마장조, Op. 109**을 헌정받기도 했다.

안토니를 이 편지의 주인공이라 여기는 가장 결정적 이유는 이 시기 베토벤과 연애 중이었고 베토벤이 편지를 작성한 것으로 추정되는 1812년 7월 6일 그녀 또한 베토벤과 가까운 곳인 칼스바트에 머물고 있었기 때문이다. 시간상이나 동선상으로 모두 일치하는 유일한 여인이었다.

침대에서부터 벌써 나의 불멸의 여인, 당신을 향한 생각이 밀려옵니다.

1812년 7월 7일 베토벤이 쓴 편지 중

음악학자들은 분명 베토벤이 불멸의 연인 안토니를 마음속에 그리며 쓴 작품이 있을 것이라 생각했고, 연구 결과 1816년 작곡한 연가곡 **멀리 있는 연인에게**의 주인공이 그녀일 것이라 추정하고 있다.

유일하게
기댈 수 있었던 대상

1816년 베토벤은 힘든 나날을 보내고 있었다. 일 년 전부터는 더 이상 피아노를 연주할 수 없을 만큼 청력이 나빠졌다. 하지만 그보다 더 베토벤을 옥죄어 오는 건 바로 조카 카를의 양육권에 관한 소송이었다. 동생 카스파는 이미 폐암 말기에 접어들었다. 베토벤은 동생이 죽고 나면 조카 카를을 자기가 직접 양아들로 거둘 생각이었다.

하지만 카를에게는 어머니가 있었다. 요한나라는 이름의 여인이었는데, 베토벤은 그녀를 싫어했다. 속도위반으로 결혼해 카를을 낳았던 것부터, 사기죄로 유치장까지 다녀왔던 점, 또 행실이 바르지 못한 정결하지 못한 여인이라 여겼다. 경멸에 가까운 미움이었다. 그런 부도덕한 사람이 사랑하는 조카 카를을 키우지 못하도록 양육권에 관한 법정소송을 마다하지 않았던 것이다.

청력을 비롯해 점점 건강도 쇠약해지는 중년 베토벤에게 삶의 무게를 함께 짊어질 동반자가 있었다면 어땠을까? 베토벤은 안토니에게 한 통의 편지를 보냈다. "어미 될 자격이 없는 여인으로부터 가엽고 불쌍한 아이를 빼내오고자 또 한바탕 전투를 치렀다오"라고 말이다. 그녀는 베토벤의 유일한 기댈 구석이었을 것이다. 하지만 그녀는 육체적으로나 정신적으로, 물리적으로도 멀리 있는 여인이었다.

들으면서 읽는 베토벤

멀리 있는 연인에게, Op.98

테너: 율리안 프레가르디엔

1816년 베토벤은 교향곡이나 현악 사중주 같은 큰 규모의 작품들은 쓰지 못했다. 건강의 악화와 함께 조카 카를에 관한 소송으로 여력이 남아 있지 않았을 것이다. 베토벤은 1816년 4월, 완연한 원숙기의 테크닉으로 이루어진 연가곡 **멀리 있는 연인에게, Op.98**를 작곡했다.

연가곡連歌曲이란 말 그대로 가사가 연결되어 있는 가곡 모음집으로, 내용에 서술적 연계성이 있거나 같은 주제와 분위기를 지닌 일련의 시에 붙여진 가곡집을 말한다. 1816년 4월에 작곡되었으며 롭코비츠 후작에게 헌정되었고 같은 해 10월 빈의 슈타이너사를 통해 출판되었다. 총 6개의 노래로 구성되며, 약 13분 동안 끊임없이 진행된다. 아래 가사를 읽고 상상하며 곡을 들어 보자.

・1곡: 언덕 위에 앉아 바라보네

언덕 위에 앉아 바라보네

안개로 뒤덮인 푸른 마을을

먼 곳의 초원을 바라본다
사랑하는 당신을 알게 된 그 곳을

나는 당신에게서 멀리 떨어져 있구나
언덕과 계곡이 우리를 갈라놓았네
우리 둘 사이를, 또 우리의 평화를
우리의 행복과 우리의 고뇌를
아, 당신은 볼 수 없구나
당신을 향해 들끓는 열정을
한숨이 흩어진다
우리를 갈라놓은 공간 속으로

당신에게 다가갈 방법이 없구나
사랑의 전령사가 될 수 없는 것일까?
그렇다면 난 노래를 부르겠소
내 고통과 고뇌의 노래를!
그러면 노랫소리 앞에 흩어지겠지
모든 공간과 시간이
그리고 사랑은 이루어지겠지
얼마나 거룩한 사랑인가!

· 2곡: 산들이 푸르른 곳

산들이 푸르른 곳

 회색빛의 안개로부터

아래를 내려다본다

해가 사라지는 곳

구름이 모여드는 곳

나도 그곳에 있고 싶구나!

고요한 계곡이 있는 곳!

슬픔과 고통이 침묵하는 곳

바위들 사이

프림로즈앵초가 조용히 명상에 잠기는 곳

조용한 바람이 부는 곳

나도 그곳에 있고 싶구나!

생각에 잠긴 숲

사랑의 힘이 날 밀쳐낸다오

내 안의 슬픔

아, 무엇도 나를 이 곳으로부터 빼내지 못하네

나의 사랑이여, 당신 곁에 영원히 머물고 싶소.

영원히!

• 3곡: 높이 떠 있는 가벼운 항해자여

높이 떠 있는 가벼운 항해자여

그리고 너, 좁고 얕은 실개천아

내 연인을 엿보아 줄 수 있겠니

수천 번이라도 나의 안부를 전해다오

너 구름아, 그녀가 걷고 있는 것이 보이겠지

고요한 계곡에 명상에 잠겨

그녀 앞에 내 모습이 떠오르게 해다오

바람 부는 하늘에서

그녀가 숲 가까이 다가서면

이젠 가을이 되어 나뭇잎도 다 떨어졌으니

내게 일어났던 일들, 애통한 맘으로 전해다오

작은 새들아, 나의 고통 그녀에게 애통히 전해다오

고요하게 부는 서풍, 그대의 산들바람

내 마음이 선택한 모습이구나

나의 한숨은 사라지는구나!

태양의 마지막 빛처럼

속삭여다오 그녀에게 나의 사랑을

작고 좁게 흐르는 실개천아

분명하게 너의 물결 안에서 보여다오

셀 수 없이 넘쳐나는 나의 눈물을!

· 4곡: 높이 떠 있는 구름아

높은 곳에 떠 있는 구름아

즐겁게 몰려다니는 작은 새들아

너흰 내 연인이 보이겠지

나를 너희들의 가벼운 날개에 실어주겠니

서쪽에서 불어온 바람이

그녀의 뺨과 가슴을 어루만지겠구나

곱슬 머리칼도 어루만지겠지

나도 너희와 함께 그 즐거움을 나누고 싶구나!

이 언덕에서 그녀에게로

작은 시냇물이 서둘러 흘러가는구나

그녀의 모습이 너희들에게 비추어지면

지체 말고 다시 흘러 돌아오려무나!

· 5곡: 5월이 돌아오고 목장엔 꽃이 피네

5월이 돌아오고 목장엔 꽃이 피네

바람은 따뜻하고 부드럽게 불어오고
시냇물은 조잘조잘 흐르네

제비는 보금자리 지붕으로 다시 돌아와
부지런히 신혼집을 꾸미네
사랑이 피어날 곳에서

제비들은 여기저기서 바쁘게 재료를 가져오네
신부의 침대를 위해 부드러운 것들을
새끼들을 위해서는 따뜻한 것들을

지금은 서로 충실히 함께 살고 있겠지
겨울이 갈라놓은 것을 5월이 다시 합쳐놓았을테니
사랑은 어떻게 다시 하나가 되는지 알고 있구나
5월이 돌아오면, 목장엔 꽃이 피고
바람은 따뜻하고 부드럽게 불어오는데
이 이곳으로부터 벗어날 수 없구나

모든 것이 사랑할 때, 봄은 하나가 되는데
오직 우리의 사랑에게만 봄은 비추지 않고
눈물만이 함께 하는구나

• 6곡: 이 노래를 들어다오

이 노래들을 들어다오

사랑하는 당신에게 부르는 노래를

그리고 그 노래를 저녁에 다시 노래해주오

달콤한 류트의 반주에 실어서!

석양의 붉은 빛이 움직일 때

고요한 푸란 호수를 향한다네

그리고 마지막 빛은 사라져가네

저 산 꼭대기 너머로

당신은 노래하네, 내가 불렀던 노래를

그것은 내 마음 깊은 곳에서

자연스럽게 울려 나온 노래

오직 그리움만이 그것을 알고 있으리

이제 이 노래로 녹여버리리라

우리 사이를 그렇게 멀리 갈라놓았던 것들을

그리고 사랑의 마음은 닿을 것이네

사랑의 마음은 거룩해질 것이네!

나가는 글

1826년 12월 2일 베토벤은 빈에 도착하자마자 침대로 향해야만 했다. 단순한 여독이 아닌 늑막염과 폐렴이었다. 베토벤은 각혈마저 하기 시작했다. 12월 20일 베토벤의 온몸은 부어올랐고, 배에 구멍을 내어 물을 빼내야 할 지경에 이르렀다.

베토벤은 이제 더 이상 침대 밖을 벗어날 수 없을 정도로 쇠잔해졌고 그에게 마지막 인사를 전하러 오는 방문객들의 발길이 이어졌다. 베토벤이 죽음을 앞둔 시기, 테너 가수 루이지 크라몰리니가 찾아왔다. 온몸이 퉁퉁 부은 베토벤에게 크라몰리니는 눈물을 참으며 베토벤이 인생에 있어 가장 행복했던 시기에 작곡한 〈아델라이데〉를 불렀다. 자신을 유명하게 만들어 준 베토벤의 곡이었다. 노래가 끝나자 베토벤은 그에게 손을 내밀며 이렇게 말했다.

"난 비록 듣지는 못하지만 노래 속의 숨결을 보았고 자네의 눈빛 속에서 자네가 무엇을 느끼는지, 무엇을 노래하는지 알 수 있었네. 고맙네."

이제 베토벤은 우리 곁에 없다. 하지만 그가 세상을 떠나고 250년이 지난 지금도 휴대폰 벨소리, 광고 음악 등에서 그의 숨결을 느낄 수 있다. 세계 곳곳의 공연장에서는 단 하루도 거르지 않고 그의 작품이 연주되고 있으며, 음악가를 꿈꾸는 음악도들에 의해 그의 음악은 마치 꺼지지 않는 신전의 횃불처럼 타오르고 있다.

나가는 글

클래식 음악을 시작하는 가장 완벽한 방법

일생에 한번은 베토벤을 만나라

ⓒ 안우성 2024

인쇄일 2024년 10월 31일
발행일 2024년 11월 7일

지은이 안우성
펴낸이 유경민 노종한
책임편집 구혜진
기획편집 유노라이프 권순범 구혜진 **유노북스** 이현정 조혜진 권혜지 정현석 **유노책주** 김세민 이지윤
기획마케팅 1팀 우현권 이상운 **2팀** 이선영 김승혜 최예은
디자인 남다희 홍진기 허정수
기획관리 차은영
펴낸곳 유노콘텐츠그룹 주식회사
법인등록번호 110111-8138128
주소 서울시 마포구 월드컵로20길 5, 4층
전화 02-323-7763 **팩스** 02-323-7764 **이메일** info@uknowbooks.com

ISBN 979-11-94357-02-5 (03670)